MW00424703

Mensajes de Amor a Mi Amada

75 mensajes de amor del corazón del Padre a Sus hijas preciosas, que traerán sanidad a sus corazones heridos

Nichole Marbach

Mensajes de Amor a Mi amada
Copyright © 2014— Nichole Marbach
2017 - Segunda Edición

Traducción del original en inglés, **Love Notes to My Beloved**

Todos los derechos reservados. Este libro está protegido por las leyes de derecho del author (copyright laws) de los Estados Unidos de América. Este libro no se puede copiar ni reprimir por otras personas confines de lucro. Se permite y anima el uso de porciones cortas o el copiado ocasional de alguna página para el estudio personal o en grupo. Se otorgará permiso para tales fines a quien lo solicite.

El texto bíblico indicado con "NVI" ha sido tomado de La Santa Biblia, Nueva Versión Internacional® NVI®,Copyright © 1999 by Biblica, Inc.® Usado con permiso. Todos los derechos reservados

El texto bíblico indicado con "NTV" ha sido tomado de la Santa Biblia, Nueva Traducción Viviente, © Tyndale House Foundation, 2010. Usado con permiso de Tyndale House Publishers. Todos los derechos reservados.

Las citas bíblicas indicadas con "DHH" han sido tomadas de la Biblia Dios habla hoy® – Tercera edición © Sociedades Bíblicas Unidas 1966, 1970, 1979, 1983,1996. Utilizado con permiso.

Las citas bíblicas indicadas con "RVR60" han sido tomadas de la Reina-Valera 1960™ © Sociedades Bíblicas en América Latina, 1960. Derechos renovados 1988, Sociedades Bíblicas Unidas. Utilizado con permiso.

Las citas bíblicas con "RVC" han sido tomadas de la Reina Valera Contemporánea ® © Sociedades Bíblicas Unidas, 2009, 2011. Utilizado con permiso.

Las citas bíblicas indicadas con "TLA" han sido tomadas de la Traducción en lenguaje actual™ © Sociedades Bíblicas Unidas, 2002, 2004. Utilizado con permiso.

Traductora: Carol Martinez

ISBN 978-1544693-39-2

Recomendaciones

"El libro de Nichole Marbach, **Mensajes de Amor a Mi Amada,** es un libro hermoso, lleno de misericordia y de gracia para todas las mujeres que han sido heridas, abandonadas, abusadas y desatendidas. Nichole revela el corazón del Padre a las mujeres con corazones quebrantados, emitiendo un bálsamo sanador que puede restaurar esperanza a las desesperanzadas y dignidad a las que han sido rechazadas. Al leerlo, tendrás un encuentro con el amor transformador de Dios y experimentarás refrigerio para tu alma. Recomiendo efusivamente este libro a mujeres de todas las edades".

Joan Hunter
President Joan Hunter Ministries
Author/Evangelist
www.joanhunter.org

"El libro de Nichole Marbach, **Mensajes de Amor a Mi Amada,** es un libro libro poderoso que traerá sanidad y transformación. Tiene el potencial para liberar a multitudes que han sido heridas. Al leer las palabras en este libro, permite que penetren tu corazón y recibe la sanidad y purificación que el Señor tiene para ti. La Palabra de Dios es viva y eficaz. Al leer este libro tan ungido, permite que la vida en Su Palabra te alimente, te nutra, medique y sane tu corazón de la misma manera en que el Señor lo ha hecho con Nichole. Dios no hace acepción de personas; lo que ha hecho para Nichole, está haciendo en tu vida ahora. Recomiendo leer este libro en voz alta para que tus oídos puedan escuchar tu propia voz. Esa es la manera de tomar la medicina de Dios. Sé bendecida, sanada y liberada en el nombre de Jesús".

Jane Landato
Coordinadora
Ministerios de Andrew Wommack
Charis Bible College Chicago @ Oswego

"**Mensajes de Amor a Mi Amada** es una experiencia inspiradora que viene directamente del corazón del Padre. Nichole utiliza su don para convertir la Palabra escrita a la voz de primera persona del Padre de tal manera que tocará las partes más profundas de tu corazón. Quedarás bendecida, animada, y deseando más. Si has estado anhelando mayor intimidad con Dios, entonces **Mensajes de Amor a Mi Amada** es un devocional que te guiará cada día con versículos selectos y declaraciones diarias que avivarán tu espíritu y te recordarán del gran amor que el Padre tiene por sus hijas".

Krissy Miles
Directora Ejecutiva
The Oasis Network For Churches
(La Red Oasis para Iglesias)
www.oasisgranger.com

""El libro de Nichole, **Mensajes de Amor a Mi Amada**, es un devocional diario que revela el corazón de un Dios amoroso, lleno de gracia y misericordia. La vida de Nichole es un testimonio del poder del amor de Dios, y su historia verdaderamente inspira a otros a ver que nada es imposible con Dios. La Biblia revela que Él nunca te abandonará ni te desamparará, y Él te está llamando, Su amada, a venir a Él y a conocerlo no solo como Dios, sino como Padre. Permite que el libro de Nichole te fortalezca y te lleve a una relación más cercana con Dios al conocerlo como tu Padre .

Melissa Gash
Iglesia Familiar Oswego
www.oswegofamilychurch.com

El libro de Nichole es una dulce bendición para toda persona que lo lea. Te animará y te fortalecerá; levantará tu espíritu sin importar qué has experimentado en la vida que te ha hecho sentir desánimo, rechazo, y desesperanza. Por su sencillez, bendecirá a toda persona, sin importar su edad. En particular me encantan las Escrituras al final de cada mensaje, porque vivificarán tu espíritu, trayéndote una palabra rhema la cual te brindará nuevo gozo. Verás cuánto verdaderamente te ama Jesús con Su amor incondicional, y verás cómo quiere cuidar de ti y traerte gozo indecible que solo Él puede dar, transformando tu vida para Su gloria. Éste es un libro que desearás leer una y otra vez ... una gran bendición llena de gozo y aliento.

Dr. Kaye Beyer
MInisterios "We Care For You"
www.wcfym.com

"Mensajes de Amor a Mi Amada es un libro especial escrito por mi amiga Nichole Marbach, quien es también una hermana muy especial en el Señor. La primera vez que leí el titulo, lágrimas me brotaron, al percibir la presencia de Dios en esas palabras tan conmovedoras. Creo que hay un mensaje personal en este libro para cada mujer, que viene directamente de nuestro Padre Celestial".

Lisa Lato
Ministerios "Come and Receive"

Dedicatoria

Dedico este libro a todas las hijas preciosas de nuestro Padre Celestial que hayan sufrido dolor, trauma, abuso, abandono y rechazo. Que puedan comprender y saber, sin ninguna sombra de duda, cuán amadas y aceptadas son por su buen, amoroso Padre Celestial.

También dedico este libro a Melanie Ahlquist, quien ha dedicado su vida a ayudar a las mujeres que han sufrido dolor, trauma y abuso a experimentar la sanidad y salud integral, así como ayudarlas a conocer a Jesús como su Sanador. Yo soy una de las mujeres que Melanie ha guiado hacia la libertad.

¡Dedico este libro a Jesús! Le doy las gracias por haberme liberado de muchas enfermedades mentales, adicciones, abuso y trauma. Le doy las gracias por proveer a las personas correctas en mi camino para ayudarme a recibir mi herencia de sanidad y salud integral. Le doy las gracias por amarme lo suficiente para aguantar la cruz y tomar el castigo y la ira que yo merecía, para que yo pudiera vivir una vida abundante con Su vida en mí.

¡Gracias, precioso Jesús!

Contenido

Prólogo

En un mundo lleno de cambios e incertidumbre, no podemos depender de los sistemas del mundo para suplir nuestras necesidades. Es más, frecuentemente la apariencia del mundo o lo que reporta es muy diferente al carácter y al corazón de Dios. Las personas buscarán el área espiritual, pero cuando se representa a Dios inadecuadamente, la consecuencia es que las personas no comprenden cuán amados son por Dios, y pueden caer en desesperación. Para algunos, la desesperación resulta en un diagnóstico mental o médico como la depresión o ansiedad. En mi papel de terapeuta y "coach" personal, he trabajado con muchas personas que no captan adecuadamente el gran amor que Dios les tiene, por lo cual han caído en desesperanza. Por eso me encanta el libro de Nichole Marbach, *Mensajes de Amor a Mi Amada.* Al leer este libro, sentirás como si las palabras vinieran directamente del trono de Dios. Comenzarás a desarrollar una comprensión más profunda de qué es lo que Dios siente por ti, quién eres tú en Él y todo el potencial que Él ha puesto en ti, así como Su naturaleza verdadera y amorosa. *Mensajes de Amor a Mi Amada* es una carta de amor de parte de Dios para ti, y comenzarás a sentir esperanza, gozo y paz renovados. Este libro se puede usar como un devocional diario que incluye Escrituras y decretos. Recomiendo efusivamente meditar sobre cada uno de ellos y permitir que el poder que contienen penetre tu espíritu. ¡Espera ser cambiada!

Pat Lairson - MS,
Terapeuta para Matrimonios y Familias
"Life Coach" con XPMinistries.com

Introducción

He aprendido en mi propia vida que necesito un recordatorio diario del amor que me tiene mi Padre Celestial. Continuamente necesito renovar mi mente con el hecho de que soy amada y aceptada. También estoy aprendiendo que declarar la verdad de la Palabra de Dios sobre my vida está transformando mi mente y mi vida de manera positiva. Este libro está diseñado para darte un pequeño recordatorio diario de cuánto el Padre Celestial te ama. Te animo a hacer las declaraciones diarias con valor y confianza varias veces después de leer el "Mensaje de amor". ¡La fe viene al oír! ¡Hay poder en tus palabras!

Dios te bendiga en tu caminar con tu Padre Celestial, o Abba o Papi, dependiendo del término que prefieras.

~Nichole Marbach~

Día 1

Mis hijas tienen un lugar especial en mi corazón

"Tengo un lugar tan especial en Mi corazón para todas Mis hijas, y eso te incluye a ti, mi hija preciosa. Absolutamente nadie puede tomar tu lugar en Mi corazón. Continuamente te recordaré de cuán especial eres para Mí para que tu mente sea renovada con esta verdad tan asombrosa. Verdaderamente eres una hija de Papi, la hija especial de Abba. ¿Te das cuenta que siempre estoy pensando en ti? ¿Te das cuenta de que cada pensamiento que tengo acerca de ti es bueno? Eres asombrosa, hija preciosa. Te valoro como un gran tesoro en el Reino. Verdaderamente eres atesorada y amada. Sí, estoy hablando de ti, hija preciosa. Siempre estuvo dentro de Mis planes que fueras Mi hija amada. No eres un accidente. Siempre quise tener hijas, ¡y especialmente a TI! Eso demuestra cuán importante eres para Mí. Por favor, nunca te olvides de cuán especial eres para Mí y cuán apasionadamente te amo". —Amorosamente, tu Papi

Declaración del día:

¡Soy la hija especial y amada de Abba! Él siempre me quiso y siempre estuvo dentro de Sus planes de que yo fuera Su hija. ¡Él me ama tanto! Nadie puede tomar mi lugar en Su corazón. ¡Soy amada! ¡Soy atesorada!

"Me viste antes de que naciera.
Cada día de mi vida estaba
registrado en tu libro.
Cada momento fue diseñado
antes de que un solo día pasara.
Qué preciosos son tus pensamientos
acerca de mí, oh Dios.
¡No se pueden enumerar!
Ni siquiera puedo contarlos;
¡suman más que los granos de la arena!"

Salmo 139:16-18 (NTV)

Día 2

Estás segura conmigo

"Mi hija preciosa, en Mí, has encontrado tu lugar más seguro. Cuando naciste de nuevo, encontraste tu hogar eterno. Encontraste un hogar que es seguro, amoroso, pacífico y gozoso, en vez de un lugar caótico y disfuncional. Descansa en Mi amor por ti. Descansa, sabiendo que ya estás "en casa" conmigo. Descansa sabiendo que tienes un Padre que te adora y disfruta pasar tiempo contigo. Descansa sabiendo que estás bien conmigo. Descansa sabiendo que ¡eres LIBRE! Descansa sabiendo que nunca más tienes que preocuparte de ser rechazada de tu lugar seguro. Eso nunca sucederá. Estás segura, protegida, en Mí, hija preciosa. ¿Sientes cómo mis brazos te abrazan apretadamente? Estás segura en Mí. Permíteme sanar todas las heridas que sentiste cuando sentiste temor y te sentias desprotegida. Permíteme reemplazarlas con la verdad de que todo está bien y de que ahora estás en paz, en casa conmigo. ¡Estás segura y protegida ahora, Mi amada!"

Declaración del día

¡Estoy segura y protegida en los brazos de Mi Padre. No tengo por qué temer. ¡Él me cubre! ¡Nada me puede separar del hogar que tengo en Él. Soy Su hija preciosa. ¡El es mi protector!

"El que vive bajo la sombra protectora

del Altísimo y Todopoderoso,

dice al Señor: "Tú eres mi refugio,

mi castillo, ¡mi Dios, en quien confío!"

Sólo el puede librarte

de trampas ocultas y plagas mortales,

pues te cubrirá con sus alas,

y bajo ellas estarás seguro.

¡Su fidelidad te protegerá como un escudo!"

Salmo 91:1-4 (DHH)

Día 3

La llave a la paz perfecta

"Mi amada, quiero compartir contigo la llave a la paz perfecta en tu vida. Isaías 26:3 dice lo siguiente acerca de Mí, 'Tú guardarás en completa paz a aquel cuyo pensamiento en ti persevera; porque en ti ha confiado' (RVR60). He creado a Mis hijos con mentes y sé que a veces es difícil deshacerse de pensamientos negativos y distractores, y dejar de pensar cómo el mundo piensa. Pero quiero recordarte que tú no eres de este mundo. Fuiste transferida a otro Reino, otro lugar totalmente diferente. Cuando te enfocas en lo que Yo digo acerca de ti, de la herencia increíble que tienes en Cristo a través del Espíritu Santo quien vive en ti, y te enfocas en Mí, atenta a escuchar Mi voz hablarte y guiarte, te garantizo que te llenarás de perfecta paz. Será una paz evidente que también notarán los que están alrededor de ti. Transformará tu vida. Tu vida sigue la dirección de tus pensamientos dominantes, preciosa Mía. Mi Palabra dice que tener una mente enfocada en lo carnal es muerte, pero tener una mente enfocada en lo espiritual es vida y paz (Romanos 8:6). Amada, regálate gracia durante el proceso de transformar tu mente y tus pensamientos. Sí lo lograrás. Yo te ayudaré porque te amo tanto, y quiero verte caminar en perfecta paz".

Declaración del día

Puedo caminar en perfecta paz, suceda lo que suceda, al mantener mi enfoque en Jesús. ¡Él es mi paz perfecta! Cuando mi mente empieza a pensar negativamente, recordaré que mi mente debe enfocarse solo en lo espiritual. ¡La paz es mía!

"Tú guardarás en completa paz a aquel cuyo pensamiento en ti persevera; porque en ti ha confiado".

Isaías 26:3 (RVR60)

Día 4

Mi amor por ti es indescriptible

"Mi hija amada, no hay palabras terrenales que puedan describir cuán profundamente te amo. Requiere una revelación del Espíritu Santo para que verdaderamente puedas comprender Mi amor por ti. Recibe estas palabras para tu corazón y pídele al Espíritu Santo que te ayude a recibir la revelación de Mi amor extremo y apasionado por ti. ¡Mi amor por ti es más que los granos de arena sobre la tierra! ¡Mi amor por ti es tanto que ningún océano lo pudiera contener! ¡Mi amor por ti es tan extenso como lo lejos que está el oriente del occidente! Mi amor por ti valió lo suficiente para que YO cargara con cada uno de los terribles pecados del mundo, aun cuando llegó un momento en que Yo estaba exhausto y agonizante y Mi piel estaba deshecho por los terribles golpes y latigazos que recibí. Mi amor por ti va más allá de cualquier dolor físico que sufrí. Lo valiste, Mi amada. ¡Lo valiste! Una revelación de Mi amor por ti será un escudo en contra de las mentiras de condenación, vergüenza, culpa, abandono y desconfianza. Quiero que sepas, Mi hija, que fuiste creada en amor por Mí, para ser amada por Mí, y para compartir Mi amor a través de ti a otros. Mi deseo más profundo es que comprendas cuán apasionadamente te amo y atesoro, hija Mía".

Declaración del día:

¡Soy amada! ¡Soy amada! ¡Soy apasionadamente amada por Mi Padre, ¡Él entregó Su vida por mí, y lo hubiera hecho aun si Yo hubiera sido la única persona que lo necesitaba! Soy atesorada por Mi Abba Padre y fui creada para ser amada por Él, Su hija preciosa.

"Pues Dios amó tanto al mundo
que dio a su único Hijo,
para que todo el que crea en él
no se pierda, sino que tenga vida eterna.
Dios no envió a su Hijo al mundo
para condenar al mundo,
sino para salvarlo por medio de él".
Juan 3:16-17 (NTV)

Día 5

¡Ante mis ojos ya no tienes culpa!

"Mi amada, ¡no temas! Eres santa, sin culpa, pura, justa y limpia a Mis ojos, a causa de la sangre de Mi Hijo. ¡Esto es un regalo! Los regalos se dan por amor, no se ganan. No tienes que ganarte Mi amor o aceptación de manera alguna. Ya eres aceptada y amada y siempre lo serás, aun cuando fallas. Nunca te veré de ninguna otra manera, ¡aun en tu peor fracaso! Has sido completamente perdonada, y todos tus pecados se han ido, y Yo ya no me acuerdo de ellos. ¡Ya no están! ¡Y nunca más regresarán! Quiero que vivas una vida de libertad y paz, sabiendo que eres amada pase lo que pase. Esta verdad te ayudará a confiar en Mí. Esta verdad derribará los muros que todavía tienes para conmigo. Esta verdad te ayudará a recibir Mi amor de una manera muy profunda. Esta revelación poderosa de que Yo no te condeno cuando fallas te ayudará a experimentar libertad en aquellas áreas donde todavía batallas para obtener completa victoria. La condenación solo lleva consigo más fracaso, mientras que el amor lleva a la victoria. ¡Y eres amada, pase lo que pase!"

Declaración del día

Mi Padre Celestial me ve sin culpa alguna, gracias al regalo de justicia que me fue dado a través de Jesús. Soy santa y sin mancha, aceptada por Él. ¡Él me ama tanto! ¡Soy libre para vivir una vida sin condenación alguna!

"Perdonaré sus maldades
y nunca más me acordaré
de sus pecados.
Cuando Dios habla de
un 'nuevo' pacto, quiere decir que
ha hecho obsoleto al primero,
el cual ha caducado
y pronto desaparecerá".
Hebreos 8:12-13 (NTV)

Día 6

¡No eres un fracaso!

"Amada, ¡no eres un fracaso! Nunca escuches voces acusadoras que te dicen que eres un fracaso. Has cometido muchos errores, ¡pero tú no eres un error! No eres un fracaso. Amada, sé que a veces te desanimas cuando ves una promesa en Mi Palabra la cual no se está cumpliendo en tu propia vida. No quiero que cedas al desánimo o a la condenación, pensando que eres un fracaso y que esa es la razón por la cual dicha promesa no se está cumpliendo en tu propia vida. Es una mentira. Soy un dador, no uno que retiene. Búscame en cuanto a la mentira que estás creyendo que está impidiendo que recibas lo que es tuyo por derecho. Quiero ayudarte en cuanto a esto, hija Mía. Te amo y quiero que todas las promesas que son tuyas se manifiesten en tu vida. Quiero que te veas como victoriosa, no como víctima. Quiero que te veas con poder de resurrección fluyendo de ti, no una persona sin poder alguna. Tienes Mi poder en ti. Quiero que te veas como Yo te veo, y a veces requiere un proceso de renovar tu mente, preciosa Mía. No te des por vencida. Búscame para más revelación a través de Mi Palabra acerca de quién eres en Mí y lo que tienes. Proclama las promesas sobre ti. ¡Declara que son tuyas! Esto te ayudará a creer y a recibir todas las promesas en la Palabra que te pertenecen, amada Mía".

Declaración del día:

¡No me estoy dando por vencida en cuanto a las promesas que son mías en Cristo! Mi Papá me va a ayudar con esto. Él me va a mostrar cualesquier mentira que estoy creyendo para guiarme hacia la victoria que ya es mía.

"No, a pesar de todas estas cosas, nuestra victoria es absoluta por medio de Cristo, quien nos amó".

Romanos 8:37 (NTV)

Día 7

Te tengo gran compasión

"Amada, sí, soy Dios. Soy poderoso. Puedo usar ese poder para hacer cualquier cosa que yo quiero. Pero quiero que entiendas que el poder más grande es el amor. El amor es Quién Yo soy. El amor impregna cada fibra de Mi ser. ¡Soy amor! Soy un Dios de compasión. Cuando atraviesas por pruebas, te tengo compasión. Tengo tanta compasión de ti, Mi preciosa. Soy compasivo, y soy muy paciente contigo. Te veo en todo tu potencial. Te veo en victoria total. Te veo justa. Te veo como Mi hija hermosa que me complace. Pero quiero que sepas que cuando algo hiere tu corazón, te tengo compasión. Amada, también quiero que tengas compasión de ti misma de la misma manera en que Yo tengo compasión de ti. Al recibir Mi amor por ti, aprenderás a tener compasión y amor por ti misma al pasar por diferentes cosas en esta vida. No quiero que te reproches por nada. Quiero que te tengas compasión y amor. Sé tierna contigo misma así como Yo soy tierno contigo. Amada, al atravesar tu día, medita en Mi compasión por ti y extiende esa compasión hacia ti. Estaré sonriendo al verte hacer esto hoy. Eres tan preciosa para Mí".

Declaración del día

¡Mi Padre Celestial tiene compasión de mí, Su hija! ¡Él me ama y tiene cuidado de mí! Puedo aprender a amarme y tenerme compasión conforme recibo el amor de Mi Padre. ¡Es bueno amarme a mí misma!

"Jesús recorrió todas las ciudades y aldeas de esa región, enseñando en las sinagogas y anunciando la Buena Noticia acerca del reino; y sanaba toda clase de enfermedades y dolencias. Cuando vio a las multitudes, les tuvo compasión, porque estaban confundidas y desamparadas, como ovejas sin pastor".

Mateo 9:35-36 (NTV)

Día 8

¡Eres importante para Mí!

"MI hija amada, ¡eres importante para mí! Tu vida importa. Estás aquí para un propósito, para un tiempo como este. Tu vida tiene significado. Tú me importas por quien eres, no por lo que haces. Eres especial para Mí, y me importas. No eres insignificante de manera alguna. No escuches pensamientos que te dicen que no importas o que a veces pareces ser invisible para las personas en tu derredor. No te ocupes en esos pensamientos, preciosa Mía. Me importas muchísimo. No eres invisible para Mí; más bien te veo cada minuto de cada día porque vivo dentro de ti. También le importas a tus seres queridos, sea que te des cuenta o no. Eres amada. Siempre tendrás un lugar especial en Mi corazón. Nadie te puede quitar eso. Eres única para aquellos que están en derredor tuyo también. Abraza tu singularidad. Abraza el hecho de que tu vida importa. Abraza el hecho de que eres Mi hija amada, y que me importas tanto, que jamás podrás captar cuan grande es mi amor por ti. ¡Te amo!"

Declaración del día

¡Yo importo! ¡Yo importo! Le importo a mi Padre Celestial y le importo a mis amigos y a mi familia. Nadie puede tomar mi lugar. Estoy aquí por una razón, y no entretendré pensamientos negativos que son contrarios a esas verdades.

"El Señor le dijo...:
'Yo te he amado ,,,
con un amor eterno. Con amor
inagotable te acerqué a mí.'"

Jeremías 31:3 (NTV)

Día 9

¡Puedes tener gozo en cualquier momento!

"Mi hija amada, quiero recordarte que el gozo vive dentro de ti en tu espíritu. No importa por qué estés pasando, puedes tomar de ese gozo en cualquier momento que lo necesites. ¡Yo vivo dentro de ti! Porque Yo estoy lleno de gozo, el gozo vive en ti. Puedes extraer ese gozo al declararlo. Extráelo al declarar sobre tu vida que eres bendecida con toda bendición espiritual en Cristo. Empieza a darme gracias por todas las bendiciones que tienes en tu vida. La alabanza extrae el gozo de ti. Declara bendiciones sobre ti porque eres bendecida. Hazte recordar que el gozo vive dentro de ti, al declarar, "Padre, te doy gracias que el gozo viven dentro de mí a pesar de lo que mi carne me está diciendo en este momento, y te doy gracias por este gozo que se está manifestando en mi vida en este mismo momento. Escojo que mi mente esté enfocado en lo espiritual, que es vida y paz y gozo". Decláralo en voz alta. El gozo es tu herencia. Puede cambiar tu lamento en gozo. Cuando tus pensamientos empiezan a deprimirte, quiero que recuerdes usar tu mente para declarar bendiciones y comenzar a alabar y a enfocarte en Mí, y experimentarás gozo. Así es cómo obtienes gozo, preciosa Mía. Escuchar la verdad declarada en voz alta arraigará estas verdades profundamente en tu corazón. ¡Estás llena de gozo, hija amada!"

Declaración del Día:

¡Soy bendecida, no maldecida! ¡El gozo es mi herencia! Puedo cambiar pensamientos deprimentes en pensamientos positivos, llenos de vida y de gozo. Puedo usar mi voz como un arma en contra de la depresión y experimentar el gozo que es mío en Cristo. ¡Escojo el gozo hoy!

"El Señor es mi fortaleza

y mi escudo;

confío en él con todo mi corazón.

Me da su ayuda y mi corazón

se llena de alegría;

prorrumpo en canciones de acción de

gracias". Salmo 28:7 (NTV)

Día 10

Puedes ser genuina conmigo

"Soy tu Padre celestial, y Me encanta cuando Me dices cómo te sientes. Puedes ser vulnerable y genuina conmigo. No te juzgaré. No te criticaré. Te escucharé. Eres mi hija preciosa, y lo que es importante para ti es importante para Mí. Eres vencedora, pero eso no significa que nunca vas a tener pruebas y tribulaciones. Eres vencedora, pero eso no significa que nunca vas a experimentar dolor. No tienes que enterrarlo; más bien tráemelo a Mí y derrama lo que está en tu corazón. Soy tu Abba Padre, y todo lo tuyo es importante para Mí. permíteme reconfortarte y traer sanidad a tu corazón herido. ¡Soy el sanador de corazones quebrantados! Eres fuerte en Mí, pero no tienes que tener temor de no tener todo bajo control en Mi presencia.

Me encanta cuando eres real, y cuando necesitas llorar, llora conmigo. Permite que yo enjugue tus lágrimas y que te derroche Mi amor. Sí superarás las pruebas y el dolor que te llegan, porque Yo he comprado la victoria para ti con Mi propia sangre. ¡Eres vencedora en Mí! No caigas en desánimo. Anímate. Sentir dolor no significa fracaso. ¡Tú no eres un fracaso! Soy tu papá, y Me encanta tener relaciones genuinas con Mis hijos amados, y eso te incluye a ti. ¡Te amo, preciosa Mía!"

Declaración del Día:

¡Puedo ser genuina con mi Padre celestial! No tengo que aparentar que tengo todo bajo control cuando hablo con Él. Él quiere que vaya tal como soy y que comparta con Él lo que está en mi corazón.

"Él sana a los de corazón quebrantado

y les venda las heridas".

Salmo 147:3 (NTV)

Día 11

Eres única y especial

"Yo te creé, hija Mía, ¡y eres única! No necesitas compararte con otra persona. Estoy orgulloso de llamarte Mi hija no por lo que haces, ¡sino por quien eres! Te he dado un destino único creado especialmente para ti, no para ninguna otra persona. Tengo un plan específico escogido especial y solamente para ti. No escuches pensamientos acusadores que te dicen que tu llamado no es tan importante como el de otra persona. Esa es una mentira. Lo que he planeado para ti es perfecto, y te dirigiré y guiaré hacia tu destino. Escucha a Mi voz guiarte hacia tu llamado singular, guiándote en cada paso del camino. También te quiero recordar que el tiempo que se toma para preparar nunca es tiempo malgastado. Mis tiempos son perfectos. No entres en desánimo, una táctica del enemigo para robarte de tu paz. Eres única, y te he dado dones y cualidades específicos que son perfectos para aquello para lo cual te he creado. No quiero que te compares con nadie más porque eres única y especial. Te amo por quien eres, ¡Mi hija preciosa! Descansa en Mi amor por ti, preciosa. Nunca olvides que siempre serás única y especial para Mí, y tienes un llamado específico en Mi Reino que nadie más puede cumplir".

Declaración del día

¡Soy única y siempre lo seré! ¡Nunca me compararé con nadie más! ¡Soy amada y aceptada! Tengo un Padre que me ama y está orgulloso de mí! El tiempo que se requiere para preparación nunca es malgastado.

"Dios decidió de antemano adoptarnos como miembros de su familia al acercarnos a sí mismo por medio de Jesucristo. Eso es precisamente lo que él quería hacer, y le dio gran gusto hacerlo".

Efesios 1:5 (NTV)

Día 12

Tienes un Padre nuevo

"No eres huérfana. Siempre he sido tu Padre. Siempre Me he preocupado por lo que más te conviene. Lamento las cosas por las que pasaste de niña. Lamento tanto que tu padre terrenal no pudo ser el padre que tú anhelabas mientras crecías. Permíteme sanarte totalmente de esas heridas provocadas por tu padre. ¡Puedes confiar en Mí! Permíteme sanar tu corazón de las palabras negativas que fueron habladas sobre ti. Permíteme sanar el dolor de sentirte abandonada y rechazada. Quiero que sepas que siempre estuvo dentro de Mis planes que fueras Mi hija, y yo no te lastimaré, ¡hija Mía! No abusaré de ti, y nunca te abandonaré. Nunca estás sola. Te amo. Cuando nos comunicamos, es como si nadie más existiera porque siempre contarás con toda Mi atención. Nunca quito Mis ojos de ti, preciosa hija Mía. Eres especial. Eres Mi hija atesorada. Permíteme ser el Padre que siempre soñaste tener. Yo soy el único Padre perfecto".

Declaración del día

¡No soy huérfana y nunca lo seré! Tengo un Padre en el cielo que me ama y adora, pase lo que pase. Siempre seré especial para Él. Tengo toda la atención de mi Padre.

"Padre de los huérfanos,
defensor de las viudas,
éste es Dios y su morada es santa.
Dios ubica a los solitarios en familias;
pone en libertad a los prisioneros
y los llena de alegría".

Salmo 68:5-6 (NTV)

Día 13

Jamás te fallaré

"Mi amada, lamento tanto que algunas personas te han fallado. Veo el dolor que esto te ha causado. Entrégame ese dolor, preciosa Mía, y permíteme sanar tu corazón herido. Sé que parece ser difícil confiar en las personas, pero en algún momento podrás hacerlo. Yo me encargaré de que hayan personas confiables en tu camino para ayudarte con esto. Hija amada mía, Yo nunca te fallaré. Puedes confiar en Mí con todo tu corazón. Quiero que confíes en Mí con todo tu corazón, no solo con parte de tu corazón. Quiero que llegues a un punto en el cual puedas confiar en Mí con todo tu corazón. Me encanta cuando compartes conmigo todo lo que está en tu corazón y Me confías con ello. Quiero que llegues a un punto en el cual confías plenamente en que Yo te guiaré, confíes que Yo te proveeré de lo que necesitas, y confíes en que Yo siempre quiero lo que mejor te convenga. No tengas temor de darme todo tu corazón, amada Mía. ¡Permíteme mostrarte que nunca te fallaré! Puedes confiar en Mí porque te amo más de lo que tú puedes imaginar o pensar posible".

Declaración del día:

Mi Padre nunca me fallará. Puedo confiar en Él con todo mi corazón. Escojo este día darle todo mi corazón. Escojo confiarle mi vida y todo lo que está en mi vida porque Mi padre tiene buenos planes para mí, Su hija amada.

"Dios ha dicho:
'Nunca te fallaré.
Jamás te abandonaré'".

Hebreos 13:5 (NTV)

Día 14

Siempre serás Mi princesa

"Eres Mi hija, Mi princesa. ¡Me encanta tratarte como princesa! Me entristece que no siempre has sido tratada de esta manera, pero recuerda que siempre serás amada y atesorada por Mí. ¡Eres realeza! Me perteneces. Me encanta hablar a tu espíritu acerca de cuánto te amo y adoro. Amada, cuando la ansiedad toca a tu puerta, no le hagas caso y ven a Mí, y permíteme compartir contigo cuánto te amo. Observa cómo el temor se derrite. También quiero que sepas que tienes autoridad real en contra del enemigo. Quiero que uses esa autoridad cuando sea necesario. Ejecuta la derrota del enemigo porque tú eres victoriosa en Mí. Eres bendecida más allá aun de lo que puedas creer, y te he dado el derecho de decirle al enemigo que huya en cualquier momento que venga a molestarte, Mi princesa. Nunca quiero que olvides que eres Mi princesa preciosa. Me encanta estar contigo. Atesoro el tiempo que pasamos juntos. Disfruto escuchar tu voz cuando me hablas".

Declaración del día:

¡Soy princesa! ¡Soy realeza! Tengo autoridad sobre todas las mentiras y el engaño del enemigo! Soy amada y atesorada. Puedo decirle, "¡No!" al temor en cualquier momento que venga a tocar a mi puerta. ¡No tengo nada que temer porque mi Papi me tiene cubierta!

" Pero ustedes son una familia escogida,
un sacerdocio al servicio del rey,
una nación santa, un pueblo adquirido
por Dios ... el cual los llamó a salir
de la oscuridad para entrar en su luz
maravillosa".

1 Pedro 2:9 (DHH)

Día 15

No tienes nada que temer

"No temas, hija mía; aquí estoy contigo. Te tengo tomada de la mano, guiándote a donde tengas que ir. Escucha a mi voz darte sabiduría y estrategias para situaciones y circunstancias que surgen en tu vida diaria. Permíteme hablarte verdad. No tienes nada que temer porque eres Mi hija, y soy tu buen Papi que te ama más de lo siquiera imaginarías posible, más allá de tu comprensión. No me gusta verte aferrada al temor en ninguna área de tu vida porque veo el efecto que tiene sobre ti. Te quiero ver caminando en mi paz, pase lo que pase, haciendo batalla en contra de los pensamientos y sentimientos negativos y aferrándote a la verdad. El temor es una mentira, no es realidad. Es un espíritu, ¡y tú le puedes decir que huya! La paz es tu derecho por nacimiento, no el temor. Quiero que esa verdad se arraigue en tu corazón y que renueve tu mente. Eres tan especial para Mí, y quiero verte caminando en tu herencia. ¡Eres Mi princesa atesorada!"

Declaración del día:

¡No tengo nada que temer porque mi Papi está a mi favor! ¡Puedo caminar en paz! ¡La paz es mi derecho por nacimiento! Hablo paz a mi mente y cuerpo en este momento.

"Les dejo un regalo:
paz en la mente y en el corazón.
Y la paz que yo doy es un regalo
que el mundo no puede dar.
Así que no se angustien
ni tengan miedo".

Juan 14:27 (NTV)

Día 16

¡Sí puedes!

"Sí puedes, hija mía. ¡Lo puedes hacer! ¡Lo puedes hacer! Todo lo puedes hacer a través de Mi vida en ti. Siempre seré tu principal alentador. Me encanta animarte. Me encanta verte tener éxito. Quiero ver a todos Mis hijos tener éxito. Me encanta cuando dependes de Mí para animarte, ayudarte, y darte sabiduría y planes para el éxito. Me encanta cuando dependes de Mí de la misma manera en que un niño depende de su papá. Yo soy tu Papi, sin importar qué tan joven o mayor eres. Depender de Mí es la clave. Depender de Mi vida que fluye a través de ti es la manera que has de vivir. Permite que Yo te ayude a hacer realidad tus sueños, amada Mía. Permite que Yo te ayude a tener éxito donde trabajas. Permite que Yo te ayude a criar a tus hijos en paciencia y amor, aun cuando a ti no te criaron de esa manera. Permite que Yo te ayude **a** aprovechar bien tu día. Siempre estoy aquí para ti. Nunca te dejaré. Te daré fuerzas, ánimo, paz, gozo, sabiduría, compañerismo, amor, y todo lo bueno que necesitas para salir adelante cada día y ver que tus sueños se hagan realidad. ¡Lo puedes lograr, hija amada! Permíteme ayudarte a lograrlo! ¡Yo no podría estar más orgulloso de ti!"

Declaración del día:

¡Todo lo puedo hacer con las fuerzas de mi Padre que me ayuda! ¡Lo puedo lograr! ¡Él me está animando y alentando! ¡Él me está ayudando! ¡Él me ama y soy Su hija amada!

"A todo puedo hacerle frente, gracias a Cristo que me fortalece".

Filipenses 4:13 (DHH)

Día 17

Me traes gran gozo

"Cuando te veo, Mi hija amada, sonrío. ¡Me traes gran gozo! cuando pienso en ti, Me río con gran gozo. Cuando pienso en el hecho que pasaremos juntos la eternidad, Me hace saltar de alegría. No te puedes ni imaginar cuánto gozo traes a Mi corazón. Estoy lleno de gozo. Estoy lleno de risa. Ver a Mis hijas hermosas aumenta aun más esta gran alegría. Cuando Mis hijas Me buscan, dependen de Mí, creen que soy bueno y que lo que más Me interesa es su bienestar, Me lleno de tanto gozo. Cuando Mis amadas entienden Mi amor y bondad, gozo extremo llena sus corazones y se derrama en todas partes. Quiero que conozcas mi amor y bondad y Mi corazón por ti, hija Mía. Quiero verte asombrada por Mi amor y Mi gozo. Es tu herencia. Es parte del precio que Yo pagué con Mi propia sangre especialmente para ti".

Declaración del día:

Mi Papi sonríe a causa de mi! ¡Mi Papi celestial es increíblemente bueno! A Él le encanta cuando yo dependo de Él para todo.

"Me mostrarás el camino de la vida,
me concederás la alegría
de tu presencia
y el placer de vivir
contigo para siempre".

Salmo 16:11 (NTV)

Día 18

Yo soy tu Esposo

"Hija amada, soy el Esposo con el cual siempre soñaste tener. Soy el Único que puede llenar el vacío en tu corazón que sólo puede llenarse con amor. Nunca te lastimaré ni te abandonaré. Soy fiel por la eternidad. Te soy fiel y siempre lo seré. Puedes seguir confiando en Mí. Soy el que siempre estaré a tu lado pase lo que pase. Soy el que te ama más de lo que cualquier persona te pueda amar. Soy tu Protector. Soy Quien tu corazón tanto ha estado anhelando. Sé que hay personas que te han herido y rechazado, pero Yo nunca lo haré. Soy muy protector sobre ti y siempre Me interesará lo que es mejor para ti. Entrégame todas tu heridas y te mostraré que deben estar al pie de la cruz. Yo ya no las quiero cargar, amada mía. Quiero que experimentes la libertad que es tuya a través de Mí. Soy tu Marido fiel, amoroso, protector, sano, alegre, perdonador y divertido, para toda la eternidad. Descansa en esa verdad, preciosa. Te amo y atesoro como ningún otro. Soy tu Esposo".

Declaración del día

Jesús es el único que puede llenar el vacío en mi corazón. Él es el único Esposo perfecto. Él nunca me abandonará ni me rechazará! Él me es un Esposo leal. ¡Es mi protector y sanador!

"Porque el que te hizo es tu esposo;
su nombre es el Señor
Todopoderoso.
Tu Redentor es el Santo de Israel;
¡Dios de toda la tierra
es su nombre!"
Isaías 54:5 (NVI)

Día 19

¡Eres bendecida!

"Hija mía, ¡eres bendecida, no maldecida! ¡Eres bendecida, no maldecida! Yo tomé la maldición en tu lugar. ¡Y en su lugar te di bendiciones! Soy el que da, no el que quita, Amo a mis hijos, a todos. ¡Soy un buen Papá! ¡No miento! Todas las promesas en Mí son "sí y amén". Nada puede cambiar eso. Digo en el Salmo 89:34: - "Por nada romperé mi pacto; no retiraré ni una sola palabra que he dicho." ¡Medita sobre este versículo! ¡No miento! ¡Mi pacto de bendición no se puede alterar. Eres bendecida y no maldecida. Declara esto sobre ti misma, amada Mía. Habla esta herencia sobre ti. Esto es quien eres en Mí. ¡Mis hijos son bendecidos! ¡Mis hijos son amados! ¡Mis hijos son perdonados! ¡Mis hijos son aceptados! ¡Mis hijos están llenos de poder de resurrección! Esto te incluye a ti, preciosa Mía. Eres bendecida y no maldecida, hija Mía. Eres amada y no maldecida. Recibe estas palabras para tu corazón hoy, preciosa".

Declaración del día:

Soy una hija bendecida del Rey, ¡y no soy maldecida! Todas las buenas promesas en la Palabra de Dios son MíaS gracias a la obra terminada de Jesús. ¡Las recibo! ¡Gracias, Padre!

" Pues todas las promesas de Dios se cumplieron en Cristo con un resonante 'sí!', y por medio de Cristo, nuestro 'amén' (que significa 'sí') se eleva a Dios para su gloria".

2 Corintios 1:20 (NTV)

Día 20

Descansa en Mí

"¡No temas, amada Mía! ¡Te tengo cubierta! En Mí, todas tus necesidades son satisfechas. Descansa en Mi amor por ti. Descansa en Mi opinión de ti. Descansa sabiendo que eres Mi hija, Mi hija amada. Te creé para ser Mi hija, amada mía. Fuiste planeada para un tiempo como éste. Descansa en Mi amor por ti. Mi amor nunca falla. Descansa en Mi amor por ti que nunca dejará de ser. En Mí, encontrarás descanso para tu alma. En Mí, encontrarás satisfacción. En Mí, encontrarás paz. En Mí, puedes vivir una vida sin temor. Soy la respuesta a "¡No temas!" Amada, descansa al saber que tienes un Papi que cree que eres lo máximo, pase lo que pase. ¡Descansa en Mi amor! ¡Descansa en Mis brazos que proporcionan seguridad! Continuamente te recordaré que tienes plena seguridad conmigo! Mi hija amada, te amo y atesoro más de lo que jamás podrás saber, y Me encanta verte descansar en Mí, tu buen Padre".

Declaración del día:

Puedo descansar al saber que todas mis necesidades son satisfechas a través de mi Abba Padre. ¡Él es verdadero descanso para mi alma! Puedo descansar sabiendo que Él me ama y acepta, pase lo que pase. Hoy, estoy escogiendo descansar en la verdad de la Palabra de Dios.

"Luego dijo Jesús: 'Vengan a mí todos los que están cansados y llevan cargas pesadas, y yo les daré descanso. Pónganse mi yugo. Déjenme enseñarles, porque yo soy humilde y tierno de corazón, y encontrarán descanso para el alma. Pues mi yugo es fácil de llevar y la carga que les doy es liviana'".

Mateo 11:28-30 (NTV)

Día 21

No escuches las voces acusadoras

"Eres hermosa para Mí, princesa Mía. No escuches las voces acusadoras que te dicen lo contrario. Yo te veo con la sangre de Mi Hijo. Su sangre te ha hecho limpia, pura, santa, sin mancha, perdonada, sanada y completa en tu espíritu, alma y cuerpo. Esa sangre te ha adoptado, haciéndote formar parte de Mi familia, convirtiéndote en Mi hija, y eres verdaderamente libre. Escucha a Mi voz. Eres hermosa para Mí y siempre lo serás. Eres preciosa para Mí y siempre lo serás. No estoy desilusionado contigo. No estoy enojado contigo. So tu buen Papi. Requiere una revelación del Espíritu Santo para demostrarte Quién soy y cuán bueno soy. Soy tu Padre Celestial, y he planeado tantas cosas buenas para tu vida. Quiero que sepas cómo te veo. Quiero que declares cosas buenas sobre tu vida y que no le hagas caso al acusador a través de enemigo y otros en derredor tuyo. Guarda en tu corazón la verdad de tu verdadera identidad en Mí. Esa verdad hará un escudo que te protegerá de cualesquier mentira que atravesará tu camino. Medita en la verdad, la verdad de quién eres y de cómo te veo y de cuánto te amo, querida Mía".

Declaración del día

Meditaré sobre la verdad acerca de quién soy en Cristo hoy y no escucharé las acusaciones negativas que atraviesan mi camino. ¡Soy preciosa para mi Papi! ¡Soy perdonada, sanada, amada y aceptada!

"Y conocerán la verdad,
y la verdad los hará libres".

Juan 8:32 (NTV)

Día 22

Yo estoy contigo dondequiera que vayas

"Mi hija amada, estoy contigo cada minuto de cada día. Nunca, nunca te abandono. Estoy contigo durante tu rutina diaria. Tú llevas contigo Mi presencia dondequiera que vas. Estoy contigo siempre. Nunca estás sola. Sé que a veces no tienes ganas de cumplir con tus mandados o de hacer los quehaceres del hogar, pero quiero que sepas que yo te puedo ayudar aun a cumplir con estos. Habla conmigo, escucha Mi voz, y puedo hacer que aun las tareas más ordinarias sean gratificantes y divertidas para ti. Estoy contigo durante todo tu día, y siempre estoy enfocado en ti, aun cuando tú no estás enfocada en Mí. Cuando estás preparando los alimentos, estoy contigo. Cuando estás comprando el mandado, estoy contigo, hablando a tu espíritu. Nunca dejo de hablar contigo, Mi hija preciosa. Hagamos que este día sea divertido, sea lo que sea que tengas que hacer y experimentar hoy. Mi presencia que trae plenitud de gozo está contigo dondequiera que vayas y sea lo que sea lo que hagas".

Declaración del día:

¡Nunca estoy sola! Mi Padre disfruta de comunión conmigo aun cuando estoy cumpliendo con mis responsabilidades y haciendo el trabajo que necesito hacer en mi hogar. ¡Su presencia conmigo hace que aun mis tareas más aburridas sean divertidas!

"El Señor va delante de ti.
Él estará contigo,
y no te dejará ni te desamparará.
No temas ni te intimides".

Deuteronomio 31:8 (RVC)

Día 23

Puedes soñar en grande

"¡Me encantas cuando crees en Mí para cosas grandes! ¡Me encanta cuando sueñas en grande. Algunos de esos deseos de tu corazón provienen de Mí y estoy esperando que me preguntes acerca de ellos para que Yo te pueda dar sabiduría y te pueda ayudar a cumplirlos a través de Mí vida, Mis fuerzas y Mi provisión que viven dentro de ti. Conozco a cada uno de Mis hijos de manera individual, y sé qué es lo que les gusta y no les gusta, y esos deseos van de acuerdo con cómo los creé en su singularidad. Mi hija amada, Me encanta cuando compartes conmigo los anhelos y los deseos de tu corazón. Yo ya los conozco, pero Me encanta cuando Me hablas acerca de ellos. Soy tu Papi, y atesoro en todo sentido de la palabra hablar contigo personalmente acerca de todo en tu vida. Me interesa cada detalle y te quiero ayudar a tener éxito y cumplir esos grandes deseos de tu corazón. Solo quiero cosas muy buenas para tu vida. ¡Tengo sueños grandes para ti!"

Declaración del día

Voy a comenzar a soñar más en grande y creer que Mi Padre me ayudará a realizar mis sueños. ¡Mi Padre tiene planes increíbles para mi vida! ¡Me ama y me atesora!

"Deléitate en el Señor,
y él te concederá los deseos
de tu corazón".

Salmo 37:4 (NTV)

Día 24

Permíteme sanar todo tu dolor

"Me entristece cuando te veo con dolor, Mi hija tan amada. ¡Significas todo el mundo para Mí! Quiero que Me traigas todo tu dolor. Quiero que derrames delante de Mí todo lo que hay dentro de tu corazón y que Me permitas consolarte de la manera que necesitas ser consolada. Mi consolación te traerá paz en medio de la tormenta. Mi consuelo traerá calma a tu corazón y mente. Mi consolación te dará fuerzas conforme vas adelante en tu vida. Recuerda, Mi amada, que eres victoriosa, no una víctima. ¡Eres vencedora! Está bien que derrames algunas lágrimas conmigo, y permíteme darte fuerzas. Yo redimiré tu dolor y sanaré tu corazón herido. Soy el Sanador. Yo pasé por dolor agonizante al sufrir la cruz. Sé como se siente el dolor, preciosa Mía. Yo lo recibí en la cruz para que ahora me lo puedas entregar y Me permitas sanarte, preciosa.

Quiero que seas libre y sana de todas las heridas de tu pasado. Esto es tu destino. En Mí, hay sanidad total en cada área de tu vida. En Mí, hay total libertad para ti. De hecho, Yo ya te he hecho libre, hija Mía. Quiero que conozcas esta verdad en tu corazón para que la libertad reine en tu vida. Tú naciste para vivir una vida abundante llena de salud y sanidad. Yo lo proveí con Mi sangre debido a Mi amor extremo por ti, amada Mía".

Declaración del día

El dolor es temporal. ¡Sobreviviré! Soy vencedora en Cristo. La sanidad y la salud integral son mi herencia. Jesús comprende mi dolor, y Él es el camino hacia la libertad y la salud integral.

"Fueron nuestras debilidades las que el cargó;
fueron nuestros dolores los que lo agobiaron.
Y pensamos que sus dificultades eran un castigo de
Dios; ¡un castigo por sus propios pecados!
Pero el fue traspasado por nuestras rebeliones
y aplastado por nuestros pecados.
Fue golpeado para que nosotros estuviéramos en
paz, fue azotado para que pudiéramos ser sanados".

Isaías 53:4-5 (NTV)

Día 25

Me encanta animarte

"Amada, hoy te quiero dar ánimo. ¡Quiero animarte cada día! Puedes venir a Mí en cualquier momento y decirme, 'Papi, necesito que me animes este día. Necesito escuchar a tu voz darme palabras de ánimo, o necesito recibir ánimo a través de tu Palabra'. Te digo que quiero animarte. Me encanta hablarte y animarte a través de Mi Palabra. Amada, también clocaré a personas en tu vida que ayudarán a fortalecerte y darte ánimo. Sin embargo, quiero que Me conozcas a Mí como tu alentador principal. Sé exactamente qué es lo que necesitas escuchar en todo momento a fin de reconfortarte y fortalecerte. Quiero que escuches Mi voz de ánimo. Quiero que escuches cómo te echo porras. Quiero que me escuches recordarte de tu destino. Escucha Mi voz apacible porque quiero animarte y levantarte.

Te digo, hija mía, que estoy orgulloso de ti porque quieres cambiar tu vida. Estoy orgulloso de ti por el hecho de que quieres ser transformada más y más a la imagen de Mi Hijo. Me trae gozo ver que quieres conocer cuál es tu identidad en Mí y que quieres conocer todo lo que Yo he provisto para ti para que puedas caminar en ello.

Te amo hija Mía y te escojo. Eres tan preciosa para Mí y te amo muchísimo. No estoy enojado contigo ni Me siento desilusionado de ti. Te amo donde estás y siempre lo haré. Soy muy paciente contigo en tu caminar. Sigue avanzando hacia adelante, preciosa, sigue hacia adelante. ¡Lo puedes hacer! Si necesitas que te den ánimo, ven a Mí y yo te animaré. De manera especial Me gusta hablarte por la mañana, para que seas fortalecida antes de comenzar tu día. ¡Una palabra de ánimo de Mi parte puede cambiar todo tu día! Te amo preciosa y te quiero animar cada paso en el camino de tu vida. Nunca olvides que te tengo tomada de la mano y nunca te soltaré. Te estoy guiando a donde necesitas estar".

Declaración del Día:

¡Mi Padre Celestial es Mi alentador principal! Puedo encontrar ánimo en la Palabra de Dios en cualquier momento que lo necesite. ¡Dios es bueno! Le encanta animarme en mi caminar. Él es paciente y bondadoso y me ama donde estoy en mi camino.

"No, amados hermanos, no lo he logrado, pero me concentro sólo en esto: olvido el pasado y fijo la mirada en lo que tengo por delante, y así avanzo hasta llegar al final de la carrera para recibir el premio celestial al cual Dios nos llama por medio de Cristo Jesús".

Filipenses 3:13-14 (NTV)

Día 26

Me encanta cuando Me crees

"Me encanta cuando Mis hijos Me creen y creen que soy bueno. ¡Me encanta la fe! Me encanta cuando tomas una verdad de Mi Palabra y la declaras sobre tu vida. ¡Eso me encanta! Amada, cuando te llegan pensamientos negativos, quiero que no les hagas caso y que en lugar de ellos, creas la verdad. Quiero que recuerdes algo en Mi Palabra que puedas usar como un arma activada por tu voz para ir en contra de todas las mentiras que niegan quien eres en Mí. ¿Crees que eres más que vencedora en Mí? ¿Crees que tengo grandes planes para tu vida? ¿Crees que quiero que estés bien? ¿Crees que eres bendecida? Declarar esas verdades te ayudará a que se arraiguen en lo más profundo de tu corazón, lo cual edificará un fundamento inmovible. Mi amada, Me encanta cuando declaras con confianza tu identidad en Mí."

Declaración del día:

¡Soy más que vencedora! ¡La victoria es mía en Cristo! ¡Ya estoy sana en el Espíritu! ¡Soy acepta en el Amado! ¡Soy la princesa amada de Mi padre!

"¡Pero gracias a Dios, que nos da la victoria por medio de nuestro Señor Jesucristo!"

1 Corintios 15:57 (DHH)

Día 27

Yo no miento ni exagero

"Amada, veo el dolor que soportas cuando las personas te mienten o no cumplen lo que te han dicho. Veo cuánto te lastima esto. Veo cómo afecta tu habilidad para confiar. Veo cómo eres atacada por el desánimo y la desconfianza como resultado. Quiero que sepas, Mi hija preciosa, que Yo nunca te mentiré. Tampoco exageraré algo, solo para no cumplir mis palabras. ¡No puedo mentir! Cada promesa en Mi Palabra es verdad. No miento. Mis Palabras tampoco son exageraciones. Puedes confiar en Mí, puedes confiar en Mi Palabra. Cuando las personas te lastiman y desilusionan, quiero que lo sueltes y que sigas adelante. Enfócate en Mí, no en la desilusión. Puedes contar con el hecho de que Yo nunca te fallaré. Si alguien no cumple con lo que ha prometido, quiero que confíes en el hecho de que a Mí me interesa lo que es mejor para ti, y que no era Mi voluntad que se cumpliera lo que la otra persona te dijo. ¡Soy más grande que promesas rotas y palabras exageradas! Recuerda, amada, que soy más grande que cualquier situación que puedas enfrentar. Quiero que confíes en Mí y que conozcas, sin la menor duda, que yo nunca te mentiré, ni te traicionaré, ni permitiré que te ilusiones a causa de alguna promesa que no tengo intención de cumplir. Yo no soy así. ¡Te amo y nunca te lastimaré!"

Declaración del día:

Mi Padre nunca me mentirá ni me herirá con palabras exageradas. A Él siempre le interesa lo que es mejor para mí. Él puede sanar la herida de promesas rotas por parte de otros en mi derredor. ¡Él me ama y me atesora!

"Dios no es como los mortales: no miente ni cambia de opinión. Cuando el dice una cosa, la realiza. Cuando hace una promesa, la cumple".

Números 23:19 (DHH)

Día 28

Aprende a decirle "¡No!" al desánimo

"Hija amada Mía, el desaliento no viene de Mí. No es parte de tu herencia. Cuando te llegan pensamientos desalentadores, quiero que los ignores y que no pienses en ellos. Te digo esto porque te amo. Si te enfocas en pensamientos desalentadores, definitivamente te desalentarás. Quiero de hecho que odies con todo tu ser todo pensamiento desalentador, condenador y deprimente. Es importante que tomes acción y digas, "¡No!" a todos esos pensamientos negativos. Sé que esto puede ser un proceso, preciosa Mía, pero no te des por vencida. Regálate gracia y ama el proceso. Eventualmente comenzarás a ver el fruto de gozo manifestarse en tu vida conforme sigues enfocándote en pensamientos positivos y vivificadores de Mi Palabra, en vez de mentiras negativas. Entre más te enfocas en la verdad de quien YO digo que eres en la Palabra, más gozo, más paz y más aliento tendrás. Quiero que le digas "Sí" a los pensamientos alentadores, y "No" a los pensamientos desalentadores. Yo absolutamente te amo y atesoro como a nadie más, y soy tu alentador mayor. Te estoy animando en cuanto a esto debido a Mi gran amor por ti. Eres Mi hija, y siempre te quiero proteger. Quiero que descanses en Mi amor y Mi aliento".

Declaración del día:

No le prestaré atención a pensamientos desalentadores y negativos hoy. Me enfocaré en la verdad, la cual me alentará, y el gozo se manifestará como resultado. ¡Declaro que este día estará lleno de mucho gozo!

"Porque cual es su pensamiento en su corazón, tal es él".

Proverbios 23:7 (RVR60)

Día 29

El abuso nunca fue Mi voluntad para ti

"Mi hija bella y preciosa, quiero que sepas que nunca, jamás fue Mi voluntad que sufrieras el abuso que sufriste. Me entristecí tanto por lo que te hicieron y por lo que te dijeron. Lamento tanto por lo que pasaste. Sé que a veces las memorias todavía provocan enojo, tristeza y sumo dolor. Puedes ser totalmente honesta conmigo en cuanto a ello, preciosa Mía. Derrama todo lo que está en tu corazón delante de Mí y permíteme liberar tu mente de todo. Permíteme tomar las memorias dolorosas y la tristeza que tienes, y que en su lugar te dé esperanza renovada y sanidad y memorias nuevas. Quiero que tomes esta ira y tristeza que te llega y que la uses como un arma en contra del enemigo que intentó robar, matar y destruir tu vida. ¡Eres vencedora! ¡Sobreviviste! ¡Lo superaste! ¡Más que ser una mera sobreviviente, ahora eres una valiente y poderosa guerrera en Mi Reino! Tú, hija Mía, ayudarás a otros en su proceso de sanidad ver que ellos también son vencedores en Mí. Tu dolor está siendo redimido. ¡Lo mejor todavía está por venir!"

Declaración del día:

¡Me haré recordar que soy vencedora! Aun cuando el dolor y las heridas atraviesan mi camino, yo los traspasaré y llegaré al otro lado con la ayuda de mi Padre Celestial. ¡Lo mejor todavía está por venir!

"Has cambiado en danzas mis lamentos;
me has quitado el luto
y me has vestido de fiesta
Por eso, Señor y Dios,
no puedo quedarme en silencio:
¡te cantaré himnos de alabanza
y siempre te daré gracias!"

Salmo 30:11-12 (DHH)

Día 30
Estás sentada en lugares celestiales

"Amada Mía, te quiero recordar que estás sentada en lugares celestiales con Jesús. Quiero que veas tus circunstancias terrenales con los ojos del cielo. Estás sentada por encima del enemigo. Quiero que realmente te veas sentada en un lugar de paz y de victoria. Te he dado autoridad sobre todo el poder del enemigo. Quiero que uses esa autoridad cuando sea necesario. No permanezcas pasiva. Quiero que tomes a la fuerza cualquier cosa que él intente robarte: tu salud, tu paz y tus relaciones con otros. Te he delegado Mi autoridad para que puedas ejecutar su derrota. ¡Sus mentiras solo son eso: mentiras! No te dejes llevar por ellos. Más bien, piensa como una hija del Rey y mírate desde la perspectiva del cielo en tus circunstancias: ¡eres victoriosa! Mírate sentada en lugares celestiales junto conmigo, y muy lejos de tus pruebas y tribulaciones. Eres preciosa para Mí, y te quiero ver caminando en total victoria!"

Declaración del día:

¡Estoy sentada en un lugar victorioso en Cristo Jesús! Estoy sentada muy por encima de las pruebas y tribulaciones de esta vida. Soy más que vencedora en Jesús. ¡Estoy arriba y no abajo! ¡La victoria es mía! ¡La paz es mía!! ¡La sanidad es mía! Ya no permitiré que el enemigo me robe, y le quitaré todo lo que me ha robado y aun más.

"Pues nos levantó de los muertos
junto con Cristo y nos sentó con él
en los lugares celestiales,
porque estamos unidos a Cristo Jesús".

Efesios 2:6 (NTV)

Día 31

Tú eres el gozo que Yo esperaba

"Preciosa Mía, hija amada, pensé en ti mientras sufrí la cruz. ¡Pensé en ti! Pensé acerca de cuánto te amo y cuánto quiero que seas libre de pecado, enfermedad, depresión, temor y tanto más, Pensé acerca de cuánto quiero que seas bendecida y no maldecida. Tomé la maldición en tu lugar para que puedas ser sanada y tener salud integral. Pensé acerca de cómo no podría vivir sin ti por toda la eternidad. Estuviste en Mi mente, preciosa; sí, así es. Cada paso que tomé con la cruz sobre Mi espalda, pensé acerca de ti, Mi amada. Al sufrir el dolor de los clavos que amartillaron Mis manos y Mis pies, pensé acerca de cuánto te amo. Eres el gozo que yo esperaba, ¡y sigues dándome tanto gozo! Me traes un gozo singular que nadie más Me trae. Nadie puede tomar tu lugar. Cuando te veo, sonrío. Cuando estás dormida, a veces te miro con una sonrisa en Mi rostro. Mientras te ocupas en los quehaceres de tu día, sonrío, como estoy contigo cada paso del camino. ¡Disfruto pasar Mi vida contigo! Eres Mi hija preciosa. Eres Mi tesoro amado por toda la eternidad. Recibe estas palabras para tu corazón".

Declaración del día:

No solo vive el gozo del Dios dentro de mí, ¡sino yo le traigo gran gozo! El gozo que yo le traigo es singular y único, y es bueno! Nadie puede tomar mi lugar en Su corazón. ¡Soy amada!

"Debido al gozo que le esperaba,
Jesús soportó la cruz,
sin importarle la vergüenza
que ésta representaba.
Ahora está sentado
en el lugar de honor,
junto al trono de Dios".

Hebreos 12:2 (NTV)

Día 32

¿Me puedes escuchar, Mi amor?

"Me puedes escuchar susurrarte, Mi amada, Mi hija preciosa? ¿Puedes escuchar mi voz dándote ánimo? ¿Puedes escuchar Mi voz levantarte? Mi voz nunca trae condenación. Escucha Mi voz ahora mismo. Te digo que te amo. Te digo que estoy tan feliz de que fuiste creada para ser Mi hija. ¡Te digo que eres Mi favorita! Te digo que me interesa cada detalle de tu vida. Gracias por hablarme. Gracias por buscarme. Gracias por tu amor por Mí, preciosa. El amor que me das significa todo para Mí. Sigue escuchando Mi voz hoy, que te habla palabras de amor y de vida. La comunión contigo es tan preciosa para Mí, y te amo tanto".

Declaración del día:

Cuando Mi padre celestial me habla, lo escucho. Es una mentira que no escucho Su voz—no me permitiré pensar tal cosa. Hoy escucharé a Mi padre hablarme palabras de amor y de vida porque soy Su hija preciosa.

"Mis ovejas escuchan mi voz;
yo las conozco, y ellas me siguen".

Juan 10:27 (NTV)

Día 33

Me encanta restaurar las relaciones

"Amada, creé a Mi pueblo para que tuvieran una relación conmigo y para tener relación con otros. No naciste para estar sola. A veces, estar en una relación verdadera y genuina provoca dolor. Hay veces que te sientes herida por lo que otros dicen y hacen. Quiero que me entregues todo el dolor y las heridas que experimentas en tus relaciones. Todos fallan de alguna manera, y eso te incluye a ti preciosa Mía, pero Yo me encargué de eso en la cruz. Entrégame el dolor y las heridas y aprende a perdonar de la manera que Yo te he perdonado. Libera a esa persona. Entrégame esa persona. Yo veo lo que la falta de perdón te hace a ti y a tu corazón, y quiero que camines en libertad y que camines en el Espíritu. Amada. siempre recuerda que soy el Dios de restauración. Me encanta tomar lo desordenado y destrozado y convertirlo en testimonios poderosos. A veces cuando pienso que las cosas se ven de lo peor, la victoria está a la puerta. Me encanta restaurar relaciones. Si tú deseas restauración de una relación, tráemela a Mí. Me encanta restaurar relaciones y dejarlas aun mejor que antes. No dejes de tener esperanza. Soy el Dios de restauración y sanidad. Amo a todos Mis hijos... a cada uno de ellos sin faltar ninguno".

Declaración del día:

En este mundo caído, habrá personas que me desilusionen y me hieran y yo también desilusionaré y lastimaré a personas también, aun cuando no sea mi intención. Yo puedo perdonar, pase lo que pase, Puedo entregar todo el dolor y todas las heridas a Mi Padre Celestial y caminar en libertad en todas mis relaciones. ¡A Mi padre le encanta restaurar las relaciones!

"Nunca devuelvan a nadie mal por mal. Compórtense de tal manera que todo el mundo vea que ustedes son personas honradas. Hagan todo lo posible por vivir en paz con todos".

Romanos 12:17-18 (NTV)

Día 34

La Palabra producirá una cosecha en tu vida

"Amada Mía, quiero que sepas que Yo te dí Mi Palabra como un regalo de amor para ti. Mis palabras son espíritu, y son vida para ti. Cuando meditas sobre Mi Palabra, es como una semilla que se planta y se riega que eventualmente producirá una cosecha en tu vida. Cada vez que estás en la Palabra, estás plantando semillas en tu corazón, y las raíces se están estableciendo de tal manera que estás recibiendo un fundamento inmovible en la Verdad. Requiere de esfuerzo meterte en la Palabra y meditarla, pero eventualmente llegarás al punto en que la Palabra estará obrando en tu vida continuamente, aun cuando no estás metida en ella en ese momento, y te producirá una cosecha asombrosa de cosas buenas en tu vida. Ésta es una "labor para entrar al descanso". La Palabra estará obrando en tu vida conforme tu mente está siendo renovada y transformada por la verdad. Las fortalezas que te han mantenido esclavizada se romperán, conforme renuevas tu mente con la Palabra. Amada, cuando estás en Mi Palabra, estás disfrutando de comunión conmigo. Puedo hablarte revelaciones y misterios mientras te empapas de la Palabra. Tengo mucho más que quiero compartir contigo. Permite que Mi Palabra transforme tu mente y tu corazón y te cambie desde adentro hacia afuera. Es Mi regalo de amor para ti ¡porque eres Mi amada en quien tengo complacencia!"

Declaración del día:

La Palabra es un regalo de amor para mí por parte de mi Padre Celestial. Cuando estoy en la Palabra, mi Padre me habla y me revela misterios. La Palabra obra en mi vida. La Palabra me transforma. ¡Estoy siendo transformada por la renovación de mi mente!

"Hijo mío, presta atención a lo que te digo. Escucha atentamente mis palabras. No las pierdas de vista. Déjalas llegar hasta lo profundo de tu corazón, pues traen vida a quienes las encuentran y dan salud a todo el cuerpo".

Proverbios 4:20-22 (NTV)

Día 35

Puedes tener lo que declaras

"Mi amada, hay tanto poder en tus palabras y en lo que declaras sobre ti misma. Yo digo que el poder de la vida y la muerte está en la lengua. Te he dado una boca para hablar. ¡Mis palabras crearon al mundo! Tú has sido creada a Mi imagen. Te he dado autoridad para hablar a los problemas que atraviesan tu camino. Quiero que abras tu boca y que te des cuenta que puedes tener lo que declaras. Puedes hablarle a la enfermedad y ordenarle que se vaya. Puedes hablar declaraciones positivas sobre tu día o tu familia. Puedes cambiar tu mundo entero al cambiar tus palabras. Tus palabras pueden cambiar hacia lo positivo o lo negativo. A veces toma tiempo antes de que puedas verdaderamente creer en tu corazón lo que estás declarando, pero no te des por vencida. La fe viene al oír. Las palabras negativas también tienen poder. Te animo a que te deshagas de ellas y que pongas en su lugar palabras positivas, vivificadoras llenas de la autoridad que Yo te he delegado.

Quiero que empieces a hablarle a tus montañas, ordenándolas que se quiten de tu camino. ¡Eres hija del Rey! Porque me perteneces, ¡tus palabras tienen poder! Hazte recordar que eres amada, perdonada y aceptada. ¡Dilo en voz alta! ¡Hay poder en hablarlo en voz alta! La valentia en tu voz es como el sonido de un león rugiente, ¡y Me encanta! ¡Que mi valentia surja en ti!"

Declaración del día:

¡Soy amada y aceptada! ¡Soy perdonada! ¡Soy sanada! ¡Soy bendecida! Tengo autoridad sobre el enemigo! Mis palabras pueden cambiar las circunstancias en mi vida. ¡Comenzaré a usar mis palabras para transformar mi vida!

"Por tanto, les digo: Todo lo que pidan en oración, crean que lo recibirán, y se les concederá".

Marcos 11:24 (RVC)

Día 36

Quiero que entiendas quién eres en el espíritu

"Hija amada, quiero que entiendas quién eres en el espíritu. Estás compuesta de tres partes: espíritu, alma y cuerpo,. pero quiero que entiendas que tu hombre espiritual es el verdadero tú, y Yo te hablo a través de tu espíritu. Cuando te veo, te veo en el espíritu. Amada, en tu espíritu, a través de Cristo en ti, estás llena de amor, gozo, paz, paciencia, mansedumbre, bondad y fe. Puedes tomar de ellos en cualquier momento que quieras. ¡Tu espíritu también es justo! Así es como Yo te veo, sin pecado alguno, aunque todavía fallas. Te he dado el regalo de la justicia en tu espíritu. La sanidad vive dentro de ti, amada. ¡Yo soy el Sanador! ¡Vivo dentro de ti! La sanidad está dentro de ti ahora mismo. Pon tus manos sobre tu vientre ahora mismo y dí, "La sanidad, la paz, el gozo, el amor, la fe y la bondad viven dentro de mí!" Quiero que digas: "Soy justa en el espíritu". Hija, cuando renuevas tu mente a quien eres en el espíritu, tu cuerpo se alineará con ello. Quiero que entiendas que porque vivo en ti, todo lo que soy, tú eres en este mismo momento. Medita sobre esta poderosa verdad. Aférrate a Escrituras que te ayudarán a meditar más sobre esta verdad para ayudarte a renovar tu mente. Amada, cuando verdaderamente te aferres de estas verdades, literalmente serás transformada, y verdaderamente estarás caminando en el Espíritu. Te digo esto para animarte, hija Mía. Cuando pensamientos negativos crucen tu camino, empieza a meditar sobre quién eres en el espíritu porque ese es el verdadero tú, y eres poderosa y llena de victoria porque Yo vivo dentro de ti!"

Declaración del día:

Estoy llena del fruto del Espíritu. ¡Cristo viven en mí! La sanidad vive en mí! ¡Soy justa y santa! ¡El poder de resurrección vive en mí! Puedo tomar de quien soy en el espíritu en cualquier momento que lo necesite!

"En cambio, la clase de fruto que el Espíritu Santo produce en nuestra vida es: amor, alegría, paz, paciencia, gentileza, bondad, fidelidad, humildad y control propio".

Gálatas 5:22,23

Día 37

Recibe estas palabras para tu corazón

"Mi amada, quiero recordarte a diario cuánto te amo y cuánto te atesoro. Es importante que escuches estas palabras para tu corazón cada día. Estas palabras ayudarán a destruir las mentiras de rechazo o de abandono que intentan robarte de tu gozo y de paz. Quiero que te empapes de estas palabras que se escribieron especialmente para TI. Te amo. Te atesoro, Te adoro. Estoy tan orgulloso de ti. Verdaderamente eres Mi hija amada. Estoy tan feliz de que me perteneces. Eres un tesoro para Mí. Jamás te soltaré. Eres especial. Eres hermosa. Eres digna. Eres importante. Cuando pienso acerca de ti, mi corazón salta porque traes tanto gozo y amor a Mi corazón. Nunca, jamás podrás separarte de Mí o de Mi amor apasionado por ti, preciosa Mía. ¡Eres totalmente segura y protegida en Mis brazos de amor por toda la eternidad! Recibe estas palabras, y permite que penetren tu corazón de una manera profunda. 'Te amo, amada Mía. Te amo a tI'. Lee esto varias veces, preciosa, y permite que estas palabras caven profundo en tu corazón".

Declaración del día:

¡Soy amada y aceptada! Mi Padre celestial me ama y adora. Soy Su hija especial, preciosa y amada. ¡Nada me puede separar del amor apasionado de Mi padre! ¡Estoy segura en Sus brazos! ¡Soy amada! ¡Soy atesorada! ¡Estoy segura en Sus brazos!

"Por lo cual estoy seguro de que ni la muerte, ni la vida, ni los ángeles, ni los principados, ni las potestades, ni lo presente, ni lo por venir, ni lo alto, ni lo profundo, ni ninguna otra cosa creada nos podrá separar del amor que Dios nos ha mostrado en Cristo Jesús nuestro Señor".

Romanos 8:38-39 (RVC)

Día 38

Acércate más, amada Mía

"Amada, Yo sé que a veces escuchas voces acusadoras que dicen, "Siento al Señor muy lejos de mí", y la mentira viene y te dice que estoy distante porque fallaste en algo o porque estoy molesto contigo porque no pasas tiempo suficiente conmigo. Esas son mentiras. Esas mentiras causan que Mis hijos quieran huir y esconderse de Mí en vez de acercarse más. Amada, si me sientes lejos, es porque estás creyendo una mentira; no es cierto. Suelta las distracciones, y pasa algo de tiempo conmigo, y verás qué tan cerca estás de Mí. Siempre estoy hablándole a tu espíritu. Siempre estoy disponible para ti, cada minuto de cada día. Te digo, 'Hija mía, ¡acércate más!' Reconoce que estoy allí contigo. Háblame. Medita sobre nuestras unión. Si meditas sobre el hecho de que somos uno, empezarás a experimentar Mi presencia de una manera más profunda. Cuando me buscas con todo tu corazón, me encuentras. No he ido a ningún lado. Nunca te he dejado, y nunca te dejaré o abandonaré. Simplemente te digo, '¡Acércate!' Deja a un lado todas las distracciones y ven más cerca. Yo anhelo intimidad profunda contigo, Mi hija amada, intimidad con todos Mis hijos es muy importante para Mí. Eres muy importante para Mí, y Mi relación contigo es muy importante para Mí. Te amor, y te prometo, porque no puedo mentir y nunca lo haré, que nunca voy a ir a lejos de ti. ¡Tú estarás en Mí, y Yo en ti por toda la eternidad!"

Declaración del Día:

No creeré ninguna de las mentiras que me dicen que mi Padre se ha alejado de mí. Él me está llamando a acercarme más, a reconocer Su presencia, y entonces yo veré que Él está y siempre estará cerca de mi. ¡Nunca me dejará ni abandonará!

"Cuando ustedes me busquen, me encontrarán, siempre y cuando me busquen de todo corazón".

Jeremías 29:13 (TLA)

Día 39

Es el enemigo – Yo no soy

"Amada, me entristece que tantos de mis hijos preciosos creen la mentira que Yo estoy causando o permitiendo que les sucedan cosas malas. Desafortunadamente, a veces me echan la culpa por cosas que el reino de las tinieblas ha hecho en la tierra. Sin embargo, Yo digo en Mi Palabra que tengo planes para prosperar, y no dañar, a Mis hijos. Digo que quiero que prosperen y que cuenten con buena salud. Vine como hombre a la tierra, sanando a todos los enfermos y oprimidos por el diablo, para mostrar que Mi corazón quiere ver a todos Mis hijos caminar en sanidad total. Yo no envío enfermedad para enseñarles a Mis hijos una lección. No envío calamidades para enseñarles a Mis hijos humildad. No. Soy un buen Padre. Quiero que Mis hijos entiendan Mi amor y Mi bondad y cómo les he dado total autoridad sobre todas sus tormentas y sobre todo el poder del enemigo, lo cual incluye enfermedad y cualquier mal físico. El enemigo viene a robar, matar y destruir. El enemigo le roba a las personas, no Yo. Oh, cuanto deseo que Mi pueblo comprenda que Yo no soy el que estoy dando enfermedad a sus hijos y llamándoles a casa antes de tiempo. Soy un buen Dios, no soy el autor de enfermedad. Tengo cosas buenas planeadas para ti. Y aun cuando pasas por pruebas y tribulaciones, te he provisto de todo lo que necesitas para que seas completamente victoriosa. Eso es cuánto te amo y atesoro. Amada, continuamente te estaré recordando que uses la autoridad que Yo te he dado para que retomes cualquier cosa que el enemigo te ha robado.

Te he dado a TI la autoridad, y quiero que la uses. Te amo y quiero verte prosperar en cada área de tu vida".

Declaración del día:

Si algo es bueno, viene de mi Padre. Si algo es malo, no viene de Él, porque Él siempre es bueno.

'El ladrón no viene sino para hurtar, matar y destruir; yo he venido para que tengan vida, y para que la tengan en abundancia".

Juan 10:10 (RVC)

Día 40
La risa es la mejor medicina

"Amada, quiero que entiendas que Yo te creé para que estés llena de gozo. Te creé para que te rieras. La risa es buena. La risa es mejor que cualquier medicina para tu alma. ¿Sabes que el enemigo odia la risa? El reino de las tinieblas no puede aguantar estar entre el gozo y la risa. Cuando el enemigo viene para molestarte de cualquier manera, ¡simplemente ríete! Ríete de él. Él es el enemigo vencido. ¡Y tú eres victoriosa en Mí! Quiero que uses la risa como un arma en contra de la enfermedad, depresión, pesadez, opresión y cualquier cosa que el enemigo intenta enviarte. Si te encuentras luchando con temor y preocupación, simplemente empieza a reírte. Relájate y suelta una risa grande. ¡La risa puede deshacer el temor y la preocupación! La risa es una arma poderosa. Cuando empiezas a reírte, recordarás que todo va a estar bien. Te digo que la risa es muy poderosa y es por eso que la creé. Me encanta reírme, y te digo una y otra vez que me encanta verte reír. Me encanta ver que el gozo se manifieste en tu vida. Es bueno para ti, amada Mía. Si sientes que estás siendo demasiada seria, relájate y suelta la risa. Cambiará tu apariencia. Cambiará tu perspectiva. Acabará con la tensión. La risa es algo bueno que creé, y es mucho mejor que cualquier medicina".

Declaración del día:

A partir de hoy, ¡voy a comenzar a usar la risa como un arma! La risa es buena. ¡Fui creada para reírme y para tener gozo! A mi Padre le encanta reírse, y en particular le gusta reírse junto conmigo, Su hija amada.

"El corazón alegre es una buena medicina, pero el espíritu quebrantado consume las fuerzas".

Proverbios 17:22 (NTV)

Día 41

Cuando dices Mi nombre

"Cuando te escucho decir Mi nombre, Mi corazón palpita de gozo, hija amada Mía. Nadie dice Mi nombre como lo haces tú. Cada una de mis hijas tiene una voz única que anhelo escuchar. Me encanta escucharte clamar Mi nombre. Toca Mi corazón profundamente. Me encanta cuando reconoces Mi presencia contigo. Me encanta ver cómo te llenas de vida cuando dices Mi hombre y Me reconoces, porque estás consciente de nuestra unión justo en ese momento. Somos uno, preciosa Mía. Nunca estás sola. No le pongas atención a pensamientos que te dicen que estás sola. ¡Esa es una mentira absoluta! No medites sobre ese pensamiento, porque entonces es posible que pensamientos de soledad te empiecen a atacar. En su lugar, medita sobre el pensamiento de que somos uno para toda la eternidad. Cuando meditas sobre eso, experimentarás el gozo, el poder, la paz, la paciencia, la sanidad que vive dentro de ti a causa de Mí. Me experimentarás de una manera más profunda. Experimentarás Mi amor por ti de una manera más profunda. Escucharás Mi voz hablarte con más claridad. ¡Meditar acerca de nuestra unión te transformará!"

Declaración del día:

A Mi Padre celestial le encanta escucharme clamar Su nombre. ¡Soy una con Él! ¡Nunca estoy sola! Como Él es, así también soy yo en este mundo, porque soy una con Él. Soy Su hija amada. ¡Soy amada!

"Pues él quería que su pueblo supiera que las riquezas y la gloria de Cristo también son para ustedes, los gentiles. Y el secreto es: Cristo vive en ustedes. Eso les da la seguridad de que participarán de su gloria".

Colosenses 1:27 (NTV)

Día 42

Quiero que conozcas Mi amor inagotable

"Amada, nunca te olvides de Mi amor inagotable por ti. Sé que hay situaciones y circunstancias por las que pasas en la vida que pueden tentarte a olvidarte de Quien soy para ti, pero Yo quiero que sepas sin la menor sombra de duda y creer en tu corazón que Yo estoy 'por ti, y nunca en contra de ti!' Quiero que conozcas Mi bondad por ti, preciosa hija Mía. Mi amor es incondicional – ¡nunca, nunca cambia! ¡Yo no miento! Solo tengo planes muy buenos para tu vida. Los obstáculos que enfrentas no significan que he cambiado de parecer en cuanto a las cosas buenas que he planeado para ti. Te he dado autoridad para que hables a cualquier montaña que atraviese tu camino. Tus palabras tiene poder para quitarlas de tu camino. Te he dado palabras para que las hables a tus obstáculos, y quiero que abras tu boca y creas que se están quitando de tu camino. Quiero que te mantengas firme en el hecho de que soy bueno, y de que mi amor inagotable por ti durará por toda la eternidad".

Declaración del día:

¡Mi Padre es bueno en todo tiempo! ¡Yo lo creo! Él sólo tiene cosas buenas planeadas para mí, y cuando los problemas vienen y me tratan de robar de lo que Él tiene para mí, yo les ordeno que se quiten de mi camino en el nombre de Jesús.

"Tu amor inagotable es
mejor que la vida misma,
¡cuánto te alabo!
Te alabaré mientras viva,
a ti levantaré mis manos en oración".

Salmo 63:3-4 (NTV)

Día 43

Quiero que estés bien

"Amada, quiero que sepas sin la menor sombra de duda que la sanidad es tuya, y es un regalo que te ha sido provisto por Mi Hijo en la cruz. ¡La sanidad es tuya! Quiero verte bien. Quiero que creas en tu corazón, sin ninguna sombra de duda, que no te estoy impidiendo la sanidad y nunca lo haré. Quiero que te veas conforme a la Palabra. Quiero que pienses ya eres sana. Quiero que pienses en la salud, no en la enfermedad. Quiero que declares bendición y sanidad sobre ti. Entre más te escuchas hablar vida, bendición y salud sobre ti, entre más lo creerás en lo más profundo de tu corazón. No quiero que veas esto como algo que 'debes' hacer, sino algo que 'quieres' hacer., con la confianza de saber que hacer esto cambia la manera en que piensas y te sientes. Quiero que uses la autoridad que te he dado sobre la enfermedad y que le hables a la montaña y le digas que se vaya. No te des por vencida con el proceso, amada. ¡No te des por vencida! El enemigo está confiado en que sí te darás por vencida. Ven a Mí cuando estás cansada, Yo te daré ánimo y te daré las fuerzas que necesitas para llegar al punto en el cual estás caminando en sanidad y en salud integral. Te guiaré cada paso del camino. Confía en mí – confía en que te guiaré. Quiero que sepas con ninguna sombra de duda que Soy el que da, no uno que quita o retiene. Mi amor y Mi bondad son la razón por la cual compré sanidad para Mis hijos, y te incluye a ti".

Declaración del día:

Hablo sanidad y salud integral y total sobre todo mi cuerpo hoy. Le ordeno a la enfermedad que se vaya, junto con todos los síntomas. ¡Soy sana en todo sentido de la palabra!

"Les digo la verdad, ustedes pueden decir a esta montaña: "Levántate y échate al mar", y sucederá; pero deben creer de verdad que ocurrirá y no tener ninguna duda en el corazón".

Marcos 11:23 (NTV)

Día 44

No hay nada malo contigo, Mi amada

"Amada, cuando sientes que has sido rechazada por otras personas, y empiezas a escuchar a esas voces decirte, 'Hay algo malo conmigo', 'Las personas me rechazan porque no soy alguien que se pueda amar' o 'Jamás seré aceptada', quiero que inmediatamente abandones esos pensamiento y que pongas todo tu enfoque en Mí. Esas voces son mentiras. Vienen del enemigo que es conocido como el acusador. El enemigo quiere que te sientas rechazada y sola y que sientas que hay algo malo contigo porque él constantemente quiere que te sientas condenada e indigna. Son mentiras. La verdad es que siempre serás aceptada, amada y segura conmigo. Nunca podrás estar separada del verdadero amor que está en Mí. Quiero que te enfoques en Mí y en cuanto te amo y acepto. Quiero que te enfoques en quién eres en Mí. En Mí, eres digna y valiosa. En Mí, eres amada, apasionadamente amada. Si te enfocas en Mi amor por ti, toda inseguridad se irá. Si te enfocas en el hecho de que hay personas que te rechazan, y las mentiras que vienen junto con el hecho, comenzarás a sentirte deprimida. Amada, quiero que te mantengas enfocada en la verdad y que no le hagas caso a esas mentiras cuando atraviesan tu camino. La verdad es que eres amada, aceptada, digna y valiosa, sin mancha, más que vencedora y victoria en Mí. No eres una víctima en Mí. No podrías ser amada más de lo que ya eres amada, preciosa Mía. No hay nada malo contigo. Yo veo todo bien contigo porque te veo a través de la sangre de Mi Hijo y tu espíritu!"

Declaración del día:

¡No hay nada malo conmigo! ¡Soy amada y aceptada! ¡No soy víctima! Escojo enfocarme en la verdad, no en mentiras. ¡Soy amada!

"Mis ovejas escuchan mi voz; yo las conozco, y ellas me siguen. Les doy vida eterna, y nunca perecerán. Nadie puede quitármelas, porque mi Padre me las ha dado, y él es más poderoso que todos. Nadie puede quitarlas de la mano del Padre. El Padre y yo somos uno".

Juan 10:27-30 (NTV)

Día 45

Quiero que te ames a ti misma

"Preciosa mía, te amo tanto, Siempre serás Mi hija amada quien atesoro. Quiero que verdaderamente recibas todo el amor que tengo por ti. Quiero que medites sobre este amor cada día. Quiero que medites sobre Mi amor cuando los pensamientos y sentimientos negativos empiezan a acecharte. Esto te ayudará, y la clave es que no permitas que tu corazón se turbe. Amada, no solo quiero que recibas Mi amor, sino que quiero que te ames y cuides de ti misma. Cuidar de ti misma, prestando atención a tus necesidades, es algo bueno. Si necesitas tiempo a solas, provee tiempo para eso. Si necesitas pasar tiempo con alguna amistad, haz lo necesario para que se haga realidad, Si necesitas tomar una siesta porque estás cansada, permítete hacerlo y no te sientas condenada. Cuidarte a ti misma no es algo malo.. Te he dado un cuerpo para que lo cuides. Amar y cuidarte a ti misma es bueno.

Quiero que llegues a un lugar en que puedas amar a la persona que fuiste creada a ser. Otra vez, te digo que eres única. Yo amo quién eres y amo el hecho de que estás en el proceso continuo de ser transformada a la imagen de Mi Hijo. Me agrada cuando te veo amándote y cuidándote a ti misma. Me demuestra que estás recibiendo el amor que tengo por ti y el amor de otros en tu derredor. Verdaderamente quiero que ames quien te creé que fueras, preciosa Mía. ¡Eres especial a Mis ojos y siempre lo serás!"

Declaración del día:

Voy a hacer algo para mí misma hoy y no me voy a sentir condenada por hacerlo. Es bueno amar a quien mi Padre creó que yo fuera, Él me ama, y yo me amo a mí misma. Extenderé ese amor y gracia a mí misma de una manera especial el día de hoy!

"¿No se dan cuenta de que su cuerpo es el templo del Espíritu Santo, quien vive en ustedes y les fue dado por Dios? Ustedes no se pertenecen a sí mismos, porque Dios los compró a un alto precio. Por lo tanto, honren a Dios con su cuerpo".

1 Corintios 6:19-20 (NTV)

Día 46

Fuiste creada para ser Mi hija

"Amada, quiero que descanses sabiendo que lo primero y más importante es el hecho que fuiste creada para ser Mi hija preciosa. Yo te creé para que tuvieras relación conmigo. Quiero que descanses en el conocimiento de por qué fuiste creada. Fuiste creada para que juntos fuéramos uno, y somos uno porque Yo vivo en ti. Fuiste creada para escuchar el sonido de Mi voz amándote, guiándote, protegiéndote y ayudándote. Disfruto de ti. He disfrutado verte crecer y transformarte de niña a mujer. Y disfruto estar contigo cada momento de cada día. Yo quería tener hijos. ¡Te quería a ti! ¡No eres una equivocación! Estás aquí para un propósito, ¡y tienes un destino poderoso! ¡Eres la hija de Papi! Te creé para que tuvieras intimidad conmigo, no para que estuvieras constantemente tratando de lograr Mi aprobación. No tienes que tratar de ganar puntos conmigo. No tienes que tratar de hacer algo para hacerme amar y aceptarte. Ya eres amada y aceptada a causa de la sangre preciosa de Cristo. No tienes que esconderte de Mí cuando fallas; más bien, quiero que corras conmigo porque yo soy la respuesta a tu lucha. ¡Corre a mi trono de gracia cualquier momento que lo necesites! ¡Soy tu respuesta! ¡Te amo, hija Mía!"

Declaración del día:

¡Fui creada para tener intimidad con mi Padre Celestial! No tengo que trabajar para ganar Su aprobación, ya soy acepta en el Amado! Fui creada para ser amada por mi Papi. Él es la respuesta cuando fallo. No me esconderé de Él. Iré a su trono de gracia en mi tiempo de necesidad. ¡Él es la respuesta!

"Así que acerquémonos con toda confianza al trono de la gracia de nuestro Dios. Allí recibiremos su misericordia y encontraremos la gracia que nos ayudará cuando más la necesitemos".

Hebreos 4:16 (NTV)

Día 47

No hay condenación para ti

"Amada, nada me sorprende. Sé todo lo que llegarás a hacer en esta vida, y te digo, aun así morí por ti. Al ir a la cruz, dije, "Ella es la que quiero. Ella es por quien estoy dispuesto a morir, para que ella sea libre. Ella es por quien estoy dispuesto a derramar Mi sangre". Te amo, pase lo que pase. No estoy enojado contigo. Tomé toda la ira y el castigo que te correspondía a causa de Mi amor por ti. Quiero verte caminar en libertad y en sanidad. No estoy enojado contigo, preciosa Mía. No te condeno cuando fallas. De hecho, nunca Me enfoco en tus fracasos porque todo eso fue resuelto en la cruz. La condenación produce culpabilidad y vergüenza, las cuales provocan que Mis hijos fallen aun más, Yo anhelo que todos Mis hijos comprendan que Yo no los condeno; Me encargué del problema del pecado en la cruz, y no tengo más que amor, gracia y misericordia por ellos, aun en sus fracasos. Quiero que entiendas que todo tu pasado fue borrado en el momento que te convertiste en una nueva creación en Mí. ¡Tu pasado ya no existe! No te enfoques en tus fracasos pasados, preciosa hija Mía, enfócate en Mí. Enfócate en Mi amor por ti y el regalo de que ya no hay condenación. Yo no te condeno, Mi amor. La culpabilidad y la condenación no viene de Mí. Otra vez lo digo, ven a Mí cuando fallas y permíteme amarte y demostrarte que no estoy enojado contigo. Te amo. Eres aceptada y nunca podrás quedar separada de Mi amor apasionado por ti".

Declaración del día:

¡Dios no está enojado conmigo! Me ama aun cuando fallo. Recibo el regalo de ya no tener condenación. Soy amada y aceptada.

"Así como juré en tiempos de Noé

que nunca más permitiría que un

diluvio cubra la tierra,

ahora también juro

que nunca más me enojaré contigo

ni te castigaré".

Isaías 54:9 (NTV)

Día 48

Yo soy el buen pastor

"Amada, quiero que leas el Salmo 23, y que Me permitas hablar a tu corazón acerca de dicho pasaje. Soy el Buen Pastor. Eres la oveja. ¿Qué hace un buen pastor? Un buen pastor cuida de sus ovejas, asegurándose que están recibiendo los mejores cuidados posibles. Un pastor guía a sus ovejas a un lugar seguro cuando viene el peligro. Un pastor le habla a sus ovejas y les guía hacia donde necesitan ir. Las ovejas dependen totalmente de su pastor para todo. Un buen pastor va a asegurarse de que sus ovejas están cerca, y si por alguna razón una se aleja, el pastor irá en busca de la oveja perdida, trayéndola de vuelta al rebaño. Amada, Yo soy tu Buen Pastor. Te protejo. Te hablo. Quiero que estés atenta a mi dirección. Yo te llevo a pastos verdes, lo cual es el camino correcto. Proveo para ti. Mi Palabra es alimento para ti. Soy tu agua viva. Proveo para todas tus necesidades cuando tú dependes de Mí. Cuando dependes de Mí por todo, me escucharás guiándote a los caminos buenos, caminos de victoria, caminos de sanidad, caminos de liberación, caminos de prosperidad, caminos de favor, caminos de puertas abiertas. No hay límite a las cosas buenas hacia donde te guiaré si estás atenta a Mi voz y dependes de Mí de la misma manera en que las ovejas dependen de un pastor. Las ovejas confían en su pastor. Yo quiero que confíes en Mí, amada hija. Siempre quiero lo que es mejor para ti, y anhelo que dependas de Mí para cuidar de ti."

Declaración del Día:

¡Mi Padre es el Buen Pastor que me guía hacia lo bueno! Puedo depender de Él para todo en mi vida. ¡El es bueno!

El Señor es mi pastor; tengo todo lo que necesito.

En verdes prados me deja descansar;

me conduce junto a arroyos tranquilos.

Él renueva mis fuerzas.

Me guía por sendas correctas,

y así da honra a su nombre.

Aun cuando yo pase por el valle más oscuro,

no temeré, porque tú estás a mi lado.

Tu vara y tu cayado me protegen y me confortan.

Me preparas un banquete en presencia de mis enemigos.

Me honras ungiendo mi cabeza con aceite.

Mi copa se desborda de bendiciones.

Ciertamente tu bondad y tu amor inagotable

me seguirán todos los días de mi vida,

y en la casa del Señor viviré

por siempre." Salmo 23 (NTV)

Día 49

Te conozco por nombre

"Amada, no solamente te conozco por nombre, sé todo acerca de ti, y te amo. Conozco hasta las cosas más mínimas que están en tu mente, y conozco los deseos más profundos de tu corazón. Me importa cada detalle de tu vida. Sé de qué color son tus ojos, y conozco el sonido de tu voz. Sé cuántos cabellos tienes en tu cabeza, y sé cuantas pestañas tienes. Conozco cada detalle acerca de ti, y amo todo lo que eres y lo que fuiste creada a ser. Eres preciosa y especial para Mí, y aunque tengo muchos hijos, siempre te doy toda Mi atención. Te conozco por nombre y sé quién eres. No estoy lejos. Estoy contigo, estoy dentro de ti, y te conozco. Amada, aun si no compartes conmigo lo que está en tu corazón, Yo ya sé qué es lo que estás pensando. Quiero que compartas conmigo toda preocupación que tengas y quiero que Me pidas ayuda cuando necesitas ayuda. Quiero tener una relación verdadera contigo. Me trae tanto gozo cuando Me involucras en tu vida y dependes de Mí para todo. Quiero que Me conozcas, y quiero que conozcas Mi nombre y lo que significa Mi nombre para ti. Quiero que Me conozcas como Sanador, Libertador, Príncipe de Paz, Proveedor, Padre Celestial, Protector, y tanto más. Cuando clamas a Mí, quiero que sepas que Yo ya he estado allí esperando que clames, porque te conozco, y conozco tu nombre. Te amo, hija preciosa Mía".

Declaración del día:

Mi Padre conoce cada detalle acerca de Mí, y Me ama. ¡Le encanta tener una relación conmigo, Su hija amada!

"Oh Señor, has examinado mi corazón
y sabes todo acerca de mí.
Sabes cuándo me siento y cuándo me levanto;
conoces mis pensamientos aun cuando me
encuentro lejos. Me ves cuando viajo
y cuando descanso en casa.
Sabes todo lo que hago.
Sabes lo que voy a decir
incluso antes de que lo diga, Señor.
Vas delante y detrás de mí.
Pones tu mano de bendición sobre
mi cabeza". Salmo 139:1-5 (NTV)

Día 50

Nuestra relación es importante para Mí

"Mi hija amada, el amor que me das Me bendice tanto. Aun he sonreído al observarte leer estos mensajes de amor, porque demuestra tu deseo de escuchar de Mí y de tener una relación conmigo. Me conmueve profundamente cuando Me buscas. Me conmueve tan profundamente cuando Me hablas. Gracias por recibirme en tu vida, lo cual te da derecho a cada una de las bendiciones y promesas en Mi Palabra. Tu amor Me trae gozo. Me conmueve tu adoración. Me encanta cuando tomas tiempo en tu día para reconocer Mi presencia. Me encanta cuando pones tu enfoque en Mí, lo cual te llena de paz perfecta. Aprecio el hecho de que quieras conocer Mi amor de una manera más profunda. Me encanta escucharme agradecerme por las cosas buenas en tu vida. Me encanta verte sonreír cuando estás experimentando Mi gozo. Tus clamores a Mí, demostrando tu dependencia de Mi ayuda, impactan Mi corazón de una manera muy profunda. El amor que Me das Me trae gran gozo, y no tienes que sentirte condenada sintiendo que no es suficiente. Estoy agradecido por el amor que eres capaz de darme, preciosa mía. Tu relación conmigo es importante para Mí y conmueve Mi corazón. Por favor, nunca lo olvides. Lo digo otra vez, la relación que tengo contigo, hija Mía, Me bendice muchísimo. Esta relación tan hermosa durará por toda la eternidad".

Declaración del día:

Mi padre Celestial está tan contento por de tenerme a MÍ en Su vida. Está contento de tener una relación conmigo, Su hija preciosa. ¡Le traigo gran gozo! ¡Él Me ama tanto! ¡Soy amada!

"El Señor es mi fortaleza y mi escudo;
confío en el con todo mi corazón.
Me da su ayuda y mi corazón
se llena de alegría;
prorrumpo en canciones
de acción de gracias".

Salmo 28:7 (NTV)

Día 51

Me regocijo sobre ti con cantos

"Mi hija tan amada, quiero que sepas sin la menor sombra de duda cuánto te amo y adoro. También quiero que Me creas a Mí y que le creas a Mi Palabra. Digo en Mi palabra que "me regocijo sobre ti con cantos". Sí, Me regocijo sobre ti., hija Mía. Recibe esta palabra a manera personal. Me regocijo sobre ti y canto sobre ti, lo sepas o no. A veces aun envío a Mi creación a cantar sobre ti. Escucha a los pájaros cantar. A veces aun envío a los pájaros a ir y a cantar cantos sobre ti. La próxima vez que escuches pájaros cantar, quiero que pienses en Mí cantando sobre ti. Quiero que pienses acerca de Mi amor por ti. Yo te creé para que fueras Mi hija, y Me traes gran gozo. Me traes tanto gozo que no puedo permanecer callado. Tengo que soltarme en cantos llenos de gozo sobre ti, preciosa Mía. No puedo guardarlo para Mí solo. Veo lo que hace para tu corazón cuando tu espíritu Me escucha cantando cantos de amor sobre ti. ¡Eres transformada! ¡Te sientes en casa! Te sientes segura cuando escuchas a tu Papi Celestial cantar sobre ti. A veces, en medio de la tormenta, aun te canto un canto para que sepas que "todo va a estar bien porque te tengo cubierta". Mi hija preciosa y tan amada, nunca podrás quedar separada de Mi amor".

Declaración del día:

¡Soy amada! Soy tan amada que mi Papi Celestial se regocija sobre mí con cánticos! Canta sobre mí, Su amada. ¡Soy Su amada! ¡Estoy segura en Sus brazos de amor! ¡Nunca podré estar separada de Su amor tan apasionado!

"Pues el Señor tu Dios
vive en medio de ti.
Él es un poderoso salvador.
Se deleitará en ti con alegría.
Con su amor calmará
todos tus temores.
Se gozará por ti
con cantos de alegría".

Sofonías 3:17 (NTV)

Día 52

Regálate gracia durante el proceso

"Mi hija preciosa, quiero que conozcas tu verdadera identidad, tu identidad en Cristo. Tu identidad no se basa en etiquetas o titulos, ni se basa en algún diagnóstico que hayas recibido. Tu identidad es en Cristo. Tu identidad es ser una hija de Dios, y está basada en quién Yo digo que eres. Tu identidad es Mí es la verdad acerca de ti. Amada, cava profundo en Mi Palabra y lee lo que digo acerca de ti. Quiero que veas que Yo te veo como santa, sin falla, perdonada, sanada, próspera, llena de gozo, paz y paciencia, etc., porque Yo te veo en el Espíritu. Requiere de tiempo renovar tu mente en cuanto a quien eres en el Espíritu, ¡y eso está bien! Quiero que te regales a ti misma gracia mientras que estés en el proceso de renovar tu mente. Cuando las personas han pasado por mucho dolor y trauma, puede tomar tiempo para romper con esas fortalezas negativas en la mente. ¡Está bien, preciosa Mía! No te des de golpes. Regálate gracia durante el proceso. Si has estado progresando y luego regresan esos pensamientos negativos, no significa que has fracasado. Sigue moviéndote hacia adelante, y mantén tus ojos enfocados en Mí. Sigue reemplazando esos pensamientos negativos con la verdad, y antes de que te des cuenta, estarás caminando más y más en tu herencia. Lo puedes lograr, preciosa, lo puedes lograr. Yo seguiré hablándote y recordándote de cómo te veo Yo. Yo te ayudaré. ¡Lo puedes hacer! La Palabra es una semilla, y una semilla tarda para crecer antes de la cosecha. Hay crecimiento en el proceso. Hay sanidad en el proceso. Hay gracia en el proceso, preciosa Mía. Tu camino es único, y no quiero que lo compares con el de nadie más. Te amo, hija amada, y Me encanta verte durante el proceso de recibir todas Mis promesas".

Declaración del Día:

¡Me regalo a mí misma gracia durante mi proceso de sanidad! Estoy renovando mi mente con la verdad. Fortalezas negativas se están rompiendo conforme las reemplazo con la verdad de la Palabra de Dios. ¡Soy quien Dios dice que soy! ¡Soy victoriosa! ¡Soy más que vencedora! ¡La sanidad es mi herencia! Si toma un proceso para recibirlo, ¡está bien! Me regalo gracia durante el proceso.

"Por último, hermanos, piensen en todo lo verdadero, en todo lo que es digno de respeto, en todo lo recto, en todo lo puro, en todo lo agradable, en todo lo que tiene buena fama. Piensen en toda clase de virtudes, en todo lo que merece alabanza".

Filipenses 4:8 (DHH)

Día 53

Yo siempre soy fiel

"Amada, quiero que comprendas que Yo siempre te soy fiel. Mi amor fiel por ti nunca cambia. Nunca podré amarte menos. Siempre te seré fiel. Pídeme que te muestre MI fidelidad en tu vida. Te la revelaré. Quiero que Me conozcas como un Padre Celestial fiel. Fielmente te estoy amando, fielmente te estoy protegiendo, fielmente te estoy hablando, fielmente estoy cantando cantos de amor sobre ti, fielmente te estoy guiando, y tanto más. Nunca olvides, preciosa, que soy tu Padre, y tú Me importas. Fielmente estoy cuidando de ti. Me encanta cuando Me buscas y estás atenta a Mi voz, porque así puedes ver cuán fiel te soy, y cómo fielmente proveo para tus necesidades diarias. Mi mayor fidelidad a ti fue el hecho que estuve dispuesto a vaciarme y venir a la tierra como hombre, morir una muerte agonizante en la cruz, y ser resucitado para que pudiera venir y vivir en ti y estar contigo por toda la eternidad. Mi fidelidad llevó tus pecados y enfermedades a la cruz. Mi fidelidad acabó con toda la ira en contra de ti. Nunca te abandono, preciosa Mía, porque te soy fiel y Mi Palabra te es fiel. Vivo dentro de ti, ¡y nunca te dejaré! Fielmente camino contigo cada paso de tu proceso, preciosa. Fielmente te guío por sendas buenas por las cuales caminar, que ofrecen maravillosas oportunidades. Fielmente te digo a donde debes ir. Siempre te seré fiel, hija Mía. Nunca te dejaré, traicionaré, ni abandonaré; nunca abusaré de ti, nunca Me impacientaré contigo, nunca te gritaré. ¿Por qué? Porque soy amor, y Mi amor y bondad nunca cambian. ¡Soy fiel por toda la eternidad! ¡Siempre guardo Mis promesas! ¡Encuentra las promesas que te hice en Mi palabra y recuerda que soy fiel para guardar Mi Palabra! ¡Todas Mis promesas son verdad! ¡Todas las Promesas que están en la Palabra son para ti, hija Mía. Te amo más de lo que te puedas imaginar. Soy el Padre fiel que siempre has deseado, y te amo".

Declaración del día:

¡Mi Padre Celestial siempre me es fiel! ¡Nunca me deja! ¡Nunca me trata mal! ¡Es mi buen, amoroso y fiel Padre! ¡Soy fielmente amada! Todas las promesas en la Palabra son verdad porque Dios es fiel a Su Palabra, y me es fiel a mí. ¡Gracias, Jesús! ¡Recibo tu fidelidad en mi vida!

"Tu amor, Señor, llega hasta los cielos; tu fidelidad alcanza las nubes".

Salmo 36:5 (NVI)

Día 54

La tentación no es fracaso

"Amada, veo tu corazón. Cuando fallas, veo lo que te hace, preciosa Mía. Sé que no quieres pecar, y sé cuánto batallas con condenación, culpa y vergüenza cuando sí pecas. Amada, permíteme enjugar tus lágrimas de vergüenza y culpa y demostrarte cuánto te amo. Permíteme mostrarte la cruz. Permíteme mostrarte el dolor que yo sufrí en la cruz en tu lugar para que tú no tuvieras que hacerlo. Permíteme mostrarte, en el espíritu, los latigazos que recibí que causaron gran sufrimiento y dolor para que tú pudieras ser sanada y tener salud integral. Pasé por esto para ti, preciosa Mía, debido a Mi profundo amor por ti. Quiero quitarte toda tu vergüenza, culpa, y condenación junto con tus pecados. Todos tus pecados, pasados, presentes y futuros, los cargué Yo en ese día. Quiero que sepas que Yo los llevé todos. Amada, quiero que me entregues tus luchas. Quiero que me pidas Mi ayuda con ellas. Quiero que tomes de Mi Espíritu dentro de ti durante esos momentos de intensa tentación. Quiero que comprendas que la tentación no es fracaso. Recuerda que Yo fui tentado en todos los sentidos en la tierra. La tentación no es fracaso, más bien es una táctica del enemigo que quiere robar, matar y destruirte o es a causa de una mente no renovada. Sigue renovando tu mente con la verdad de quién eres en Mí. Sigue renovando tu mente de que Yo no te condeno cuando pecas, y no quiero que corras y te escondas de Mí cuando fallas. Quiero más bien que corras a Mis brazos de amor, y quiero que Me escuches decirte, 'Te amo, hija Mía.' Te ayudaré a vencer esta situación. Soy la respuesta. ¡Lo puedes hacer en Mis fuerzas! Amada, nunca te amaré menos aun cuando fallas. Nada Me toma por sorpresa. Siempre seré tu padre Celestial que te ama y que quiere ayudarte a tener éxito y a vivir la vida abundante,. Necesito que vengas a Mí, no que corras y que te escondas".

Declaración del Día:

¡No hay condenación para mí en Cristo! Jesús llevó todo mi pecado, toda mi vergüenza y condenación en mi lugar en la cruz. ¡El es la manera de vencer la tentación y el pecado! ¡Él venció el pecado por mi en la cruz! Yo estoy muerta al pecado y sigo renovando mi mente con esta verdad. ¡Soy vencedora en Cristo. ¡Todo lo puedo en Cristo que me fortalece!

"Entremos directamente a la presencia de Dios con corazón sincero y con plena confianza en él. Pues nuestra conciencia culpable ha sido rociada con la sangre de Cristo a fin de purificarnos, y nuestro cuerpo ha sido lavado con agua pura".
Hebreos 10:22 (NTV)

Día 55

Permíteme tratarte como Mi hija

"Amada, quiero que comprendas con todo tu corazón que aunque soy Dios, también soy tu Padre Celestial. Quiero que Me conozcas como Padre, o Papi, o Abba—el término con el cual te sientas más cómoda. Soy tu Padre Celestial, y quiero tratarte como el Papá que necesitas tener. Quiero sanarte de todas esas heridas que tuviste cuando eras pequeña, porque no te sentias segura en tu hogar y no tuviste un padre que cuidó de ti como un padre debe hacerlo. Quiero restaurarte de todo lo que te fue robado. Quiero que veas que Yo siempre soy el Padre perfecto y siempre Me interesa lo que es mejor para ti. Tú no Me tienes que cuidarme a Mí, más bien Yo te quiero cuidar a ti. Permíteme cuidarte, preciosa. Permíteme sanar tu corazón herido con Mi amor por ti. Te quiero mostrar que soy el padre que no te herirá, ni rechazará, ni abandonará, ni criticará, ni abusará de ti, ni se aprovechará de ti. Te escucharé. Te fortaleceré. Te hablaré y guiaré. Te dirigiré. Te abriré puertas. Te proveeré de personas seguras y confiables en tu camino. Quiero que confíes en Mí totalmente. Quiero que dependas de Mí con fe de niña, preciosa Mía. Cada vez que vengas a Mí, dependas de Mí, escuches Mi voz guiarte hacia lo bueno, crecerás en tu confianza de que soy un buen Padre, y más fragmentos de tu corazón quebrantado serán sanados y puestos en su lugar de nuevo. Amada, sé que has aprendido a ser independiente y hacer las cosas por ti sola porque así es cómo sobreviviste mientras crecías, pero quiero que rompas con esa dependencia de ti misma, y quiero que transfieras dependencia total a Mí, tu Papi. La dependencia de Mí es clave. Depender de Mi vida en ti es clave para vivir la vida abundante que he provisto para ti, Mi hija, Quiero verte caminar en sanidad y salud integral, Mi hija., y quiero que sepas que llegar a conocerme como tu Padre Celestial transformará tu mundo de una buena manera".

Declaración del día:

¡No estoy sola! Tengo un Padre Celestial que me ama y a quien le importo. Voy a permitir que Él me trate como un Padre cuida de un hijo. Yo no tengo que cuidarlo a Él. Él me cuida a mí. No lo tengo que rescatar. Él cuida de mí y me rescata. ¡Puedo depender de mi Padre para todo! Él es un buen Padre! Mi Padre siempre vela por lo que es mejor para mí. Puedo confiar en Él con todo mi corazón.

"Miren con cuánto amor nos ama nuestro Padre que nos llama sus hijos, ¡y eso es lo que somos!" 1 Juan 3:1 (NTV)

Día 56

Recordatorios de Mi amor

"Amada hija Mía, quiero recordarte cada día cuánto te amo y te adoro. Nunca quiero que te olvides que Mi amor nunca disminuye, pase lo que pase. Preciosa, quiero que salgas por la noche y que veas todas las estrellas en el cielo. Son un recordatorio de Mi gran poder. Puedo usar Mi poder para crear cualquier cosa, o para hacer cualquier cosa que Yo deseo, pero quiero que reconozcas que Mi mayor y más gran poder es el amor. Usé Mi poder para crear las estrellas del cielo para ti, Mi amor, porque te amo y te atesoro. Quiero que mires los árboles las flores y toda la creación y que reconozcas que creé todo esto para que tú lo disfrutes hija Mía. Permite que la creación te recuerde de cuánto te amo. Permite que el sol que brilla sobre ti te recuerde de Mi amor ardiente y apasionado por ti, amada Mía, ¡Mi amor nunca se enfría! Hay tantas cosas que puedes ver que pueden recordarte de Mi amor por ti. También quiero que sepas, hija tan amada Mía, que el sol, las estrellas, la luna, los árboles, los animales, las plantes, y toda Mi creación son buenos, ¡pero ni siquiera se pueden comparar contigo! ¡Tú eres Mi obra maestra'! Cuando te creé, dije que era muy bueno. Ni siquiera los tesoros en el cielo son comparables a Mis hijos. Mis hijos tienen un lugar especial en Mi corazón, ¡y eso te incluye a ti! Cuando ves tesoros terrenales como diamantes, rubíes, oro, etc., quiero que recuerdes que ¡esos no son nada comparados al tesoro que tú eres para Mí! Eres mi tesoro para toda la eternidad. Permite que toda la creación y todos los tesoros te recuerden de cuán importante eres para Mí!. Permite que te recuerden de Mi amor por ti. Permite que te recuerden que ¡te considero Mi obra maestra! Permite que te recuerden que eres amada y atesorada más de lo que jamás podrás saber. ¡Te amo y valoro mucho más que esas cosas! Te amo, preciosa Mía, y a diario te recordaré de ello".

Declaración del día:

Cuando veo la creación, me hace recordar cuán amada soy por mi Padre Celestial. ¡Soy Su obra maestra! ¡Soy Su tesoro más amado! ¡Soy amada! Soy más preciosa para Él que el oro, los diamantes o las estrellas del cielo! ¡Gracias, Padre, por considerarme Tu tesoro preciado! ¡Soy valorada! ¡Soy grandemente amada!

"Pues somos la obra maestra de Dios. Él nos creó de nuevo en Cristo Jesús, a fin de que hagamos las cosas buenas que preparó para nosotros tiempo atrás".

Efesios 2:10 (NTV)

Día 57

Tus palabras pueden cambiar tu situación

"Amada, quiero recordarte continuamente que ¡tus palabras tienen poder! Te he creado para que uses tu boca y que declares tu victoria y que declares tu futuro. Quiero que verdaderamente creas lo que digo en Mi palabra, que 'el poder de la vida y la muerte están en la lengua' (Proverbios 18:21). No quiero que hables derrota; quiero que hables victoria. No quiero que hables como víctima. Quiero que hables como vencedora en Cristo. Cuando hablas palabras negativas de derrota sobre tu vida, le estás dando a esas palabras negativas el poder de derrota sobre tu vida; le das a esas palabras poder para que sucedan. De la misma manera, las palabras victoriosas tienen el poder para producir victoria. Es por eso que quiero que entiendas, Mi amada, el poder de tus palabras. Quiero que llames las cosas 'que no son' como si fueran (Romanos 4:17). Tus palabras tienen el poder para cambiar tu situación y transformar tu vida. Mientras sigas hablando palabras vivificantes de Mi Palabra sobre ti, renovarás tu mente en la verdad. Como resultado, comenzarás a pensar como una persona victoriosa y cuando piensas como alguien victoriosa, ¡vives como persona victoriosa! Mi palabra dice, 'Como un hombre piensa en su corazón, así es él' (Proverbios 23:7). Así que, si piensas como vencedora, hablarás como vencedora, y actuarás como vencedora. Te he dado autoridad para hablar a tus montañas y ordenarles que se quiten de tu camino. Tú le puedes ordenar al enemigo que huya de ti cuando viene a molestarte. Puedes ordenar que haya victoria en situaciones de acuerdo a Mi voluntad. Quiero que creas que tus palabras tiene poder y que creas que cuando las usas, puedes cambiar situaciones. Cada palabra que hablas, o está obrando a tu favor o en tu contra el momento que las hablas. Digo esto para decir, preciosa Mía, que quiero que cuides tus palabras, y que quiero que hables como una hija de Dios. ¡Perteneces a Mi Reino! Vives en el mundo, pero vives en Mi Reino ahora. El Reino de Dios está dentro de ti, listo para salir y cambiar al mundo. Usa la autoridad de tus palabras para cambiar tus situaciones, ¡y no te des por vencida! Quiero que creas que cada vez que hablas, ¡algo está sucediendo! Amada, puedes caminar en victoria. ¡Lo puedes hacer! "

Declaración del día:

¡Cuidaré lo que digo! Hablaré como una persona victoriosa y vencedora! ¡No hablaré derrota! ¡Mis palabras pueden cambiar mi mundo! ¡Mis palabras tienen poder! No me quedaré sentada pasivamente sino que comenzaré a hablar victoria, y comenzaré a usar mi autoridad dada por Dios. ¡Mis palabras pueden llegar a mi futuro antes que yo!

"La muerte y la vida
están en poder de la lengua,
Y el que la ama comerá de sus frutos".
Proverbios 18:21 (RVR60)

Día 58

¡Quiero que lo veas!

"Amada, quiero compartir algo contigo hoy. Quiero que entiendas que te he dado una mente que es capaz de imaginar cosas. Quiero que comiences a usar tu imaginación para comenzar a 'ver cosas' en el espíritu antes de que se manifiesten a la realidad. Cuando lo ves en tu mente, es victoria. Si estás luchando con enfermedad, quiero que te veas de buena salud. Quiero que te imagines haciendo cosas que no puedes hacer bien por el momento debido a alguna lastimadura o enfermedad. Imagínalo bien, porque en el espíritu, ¡ya estás sana! Si estás batallando con una adicción, quiero que te veas totalmente libre, caminando en victoria. Cuando 'lo ves' en tu mente, en el espíritu, aumentarás tu fe de que es verdad, y ésta es la "verdadera tú". Amada, Yo veo a Mis hijos en toda su potencial. Los veo en el espíritu. Los veo en victoria. Es lo que quiero que tú veas también. Quiero que veas e imagines tu victoria. ¡La fe cambia tu realidad! Quiero que veas a tus sueños hechos realidad. Quiero que los veas hacerse realidad en tu imaginación. quiero que te veas en el llamado que te he dado. Quiero que te veas caminando en victoria y salud integral. Quiero que te veas prosperar en cada área de tu vida. También quiero que veas lo que hice por ti en la cruz, preciosa Mía. Permíteme mostrarte la cruz para que puedas ver que Yo recibí las heridas de los latigazos a favor tuyo. Cargué con todo el pecado y la enfermedad. Quiero que veas tu enfermedad sobre Mí. Mira a tu enfermedad sobre Mí porque yo la tomé. Mira a tu pecado sobre Mí porque yo la quité y la tomé. Pídeme que te muestre la cruz, querida, y lo haré. La cruz es la razón por la cual ahora te puedes ver caminando en victoria. Yo vencí para que tú pudieras ser vencedora. Tu imaginación es un arma poderosa que te he dado para que camines en victoria. Quiero que veas manifestar en tu vida todo lo que necesitas. Mi hija, proveí de todo lo que pudieras necesitar para vivir una vida victoriosa debido a Mi gran amor por ti".

Declaración del día:

¡Voy a empezar a verme sana! Voy a comenzar a verme caminando en victoria. Voy a comenzar a usar mi imaginación de manera positiva. Voy a comenzar a ver a mis sueños hechos realidad. Padre, ¡muéstrame la cruz! Permíteme ver la cruz para que pueda ver por qué me has sanado y perdonado. ¡Muéstrame a Jesús! ¡Quiero ver a Jesús!

"Pues estoy a punto de hacer algo nuevo. ¡Mira, ya he comenzado! ¿No lo ves? Haré un camino a través del desierto; crearé ríos en la tierra árida y baldía".
Isaías 43:19 (NTV)

Día 59

¡No te ofendas, Mi amada!

"Amada, sé que a veces es difícil no quedar lastimada o sentirte ofendida por las palabras y acciones de otras personas, pero quiero que aprendas a no ofenderte. Quiero que Me traigas cualquier herida u ofensa a Mí, querida, y luego quiero que la sueltes. Te puedo ayudar con esto, preciosa. Sé que has sido profundamente herida por personas en quienes confiaste a través de tu vida, pero quiero que comprendas que el perdón es lo que te libera. Quiero que perdones porque eso lo que te va a libertar. Perdonar no significa que las acciones de ellos se justifican. Sin embargo, no quiero que tu corazón se bloquee de tal manera que no puedas dar y recibir amor a causa de un muro de falta de perdón. Quiero que Me entregues tus heridas a Mí, y permíteme mostrarte la verdad en la situación. Quiero que entiendas que las personas no tienen la intención de siempre estarte lastimando, aunque algunos sí lo harán. Quiero que rompas con esa mentira, querida. Yo entiendo por qué esa fortaleza se desarrolló en tu mente, amada Mía, y quiero que sepas que te tengo compasión. Te tengo compasión. Te tengo compasión en tus luchas, pero te quiero guiar hacia el otro lado de la victoria. Quiero que tengas un odio por la ofensa. Quiero que desarrolles un odio por la falta de perdón. También quiero que sepas que si alguien continuamente te está tratando de hacerte sentirte menos o criticándote, puede ser que necesites alejarte de ellos para que Yo pueda obrar en el corazón de ellos. Quiero que los perdones,, que los veas con sus heridas no sanadas, y quiero que tú sigas adelante en tu propio destino. Tengo grandes cosas planeadas para tu vida, preciosa. Quiero que te veas caminando en lo que tengo planeado para ti. No te quiero ver atrapada en la falta de perdón y la ofensa. Quiero que te mantengas enfocada en Mí, Quiero que te des cuenta de que te he perdonado totalmente de tus pecados y fracasos, y quiero que tú perdones a otros también. Mantén tu enfoque en Mí, preciosa, y yo te guiaré en todo esto. Si tienes el deseo de deshacerte de la ofensa, lo podrás logar. Si fallas un día, regálate gracia, y sigue hacia adelante. Lo lograrás. Verás cómo soltar las ofensas te liberta a TI. Te amo, hija Mía, y te quiero ver caminando en total libertad. ¡El perdón te liberta!"

Declaración del día:

Yo escojo perdonar a quienes me han lastimado porque me libera. ¡Puedo caminar libre de ofensa! ¡Puedo perdonar! ¡Puedo orar por quienes me lastiman! Puedo mostrar a Jesús a otros al perdonarles por el mal que me han hecho a mí. ¡Soy perdonadora! ¡Perdonar es parte de mi nueva naturaleza en Cristo!

"Por el contrario, sean amables unos con otros, sean de buen corazón, y perdónense unos a otros, tal como Dios los ha perdonado a ustedes por medio de Cristo". Efesios 4:32 (NTV)

Día 60

¡Eres Mi estrella brillante!

Vi una visión de las estrellas en el cielo. De repente, vi una estrella que era más brillante que las demás y comenzó a destellar en el cielo. Esta estrella se destacaba entre todas las estrellas del cielo. Mis ojos se fijaron en esta estrella destellante, y escuché al Señor decir estas palabras a mi corazón: "Mi hija amada, quiero que sepas que te veo. Tomo nota de ti. Nunca pasas por desapercibida conmigo. Sé que cuando estabas creciendo, había ocasiones en las cuales te sentías invisible y que pasabas totalmente por desapercibida, pero quiero que sepas que yo te veo. Tú destacas para Mí. Todos Mis hijos son tan especiales para Mí. Cada uno se destaca y es única. Tú te destacas en buena manera. Yo no te veo simplemente como 'una entre muchas estrellas', o 'una de mis muchas hijas'. ¡No! Eres especial para Mí, y te destacas delante de Mí como si fueras hija única. Eres Mi estrella bella, brillante y destellante! ¡Brillas! ¡Tu futuro es brillante! ¡Eres hermosa para Mí! ¡Te conozco! ¡Te conozco por nombre! Conozco tus luchas. Conozco tu dolor. Sé qué es lo que te trae gozo. Sé lo que está en tu mente en todo momento. Conozco tus deseos. Conozco tus necesidades. Conozco tus sueños. Conozco todo acerca de ti, preciosa Mía, y sigo teniendo pensamientos buenos acerca de ti. Estás aquí para un propósito. Tu dolor será redimido. Tengo buenos planes para ti, querida. Recuerda que eres Mi estrella brillante, destellante y hermosa y que tu futuro es aun más brillante de lo que siquiera te puedes imaginar. Tengo Mis ojos puestos en ti, ¡y nunca te soltaré! Sigue brillando con Mi vida y Mi amor para que todos puedan ver. Eres tan preciosa y querida para Mí. ¡Destacas!"

Declaración del día:

Mi Padre Celestial me conoce y toma nota de mí. ¡Conoce todo acerca de mí y me ama! ¡Mi futuro se ve brillante! Seguiré brillando con la luz y el amor de Jesucristo a todos a mi derredor. ¡Mi vida importa! ¡Yo le importo a mi Padre Celestial! ¡Él me ama! ¡Nunca podré separarme de Su amor! Cumpliré mi destino con Su ayuda! ¡El quiere que tenga éxito! ¡El me ama!

"Pues yo sé los planes que tengo para ustedes —dice el Señor—. Son planes para lo bueno y no para lo malo, para darles un futuro y una esperanza." Jeremías 29:11 (NTV)

Día 61

Cuando eres débil, ¡Yo soy fuerte!

"Amada, te quiero ayudar en tu debilidad. Es bueno cuando reconoces una debilidad o área de fracaso en tu vida del cual te quieres deshacer. ¡Es algo bueno! ¡Reconocer la debilidad es el primer paso hacia la libertad! Cuando reconoces algo que es destructivo, no quiero que te des de golpes. Ésa es una táctica del enemigo, también llamado "el acusador." No quiero que te sientas condenada. Quiero que permanezcas en la fe de que Yo te ayudaré a vencer sea lo que sea de lo cual te necesitas deshacer. Te ayudaré a vencer falta de perdón. Te ayudaré a vencer, cambiando las palabras negativas que salen de tu boca. Te ayudaré a cambiar y ya no hablar mal de otros. Te ayudaré a deshacerte de tu enojo y de tu amargura. En vez de darte de golpes, quiero que Me traigas el asunto y que Me permitas mostrarte lo que necesitas ver a fin de que puedas ser libre. Permíteme mostrarte la mentira que has estado creyendo. Permíteme mostrarte la herida no sanada que puede estar causando esta situación. Permíteme mostrarte quién eres en Cristo. Permíteme mostrarte que tienes poder de resurrección dentro de ti que está disponible en cualquier momento que necesites ayuda para vencer la tentación que puede venir en tu camino. Te he provisto una salida para cada tentación que venga. Necesitas venir a Mí cuando estás tentada. Soy la respuesta, hija Mía. Soy la respuesta. Quiero ayudarte. Puedes vencer porque Yo te he hecho vencedora. Gané la victoria para ti. Síguete viendo la manera que Yo te veo, Síguete extendiendo gracia en el proceso de ser transformada más y más a la imagen de Mi hijo, y no pases tiempo con la condenación y culpabilidad en tu mente—ni siquiera por un minuto. Estoy aquí para ayudarte, Mi amada, y no tengo nada más que paciencia y compasión para contigo. Si deseas ser libre, lo lograrás con Mi Espíritu dentro de ti, guiándote hacia la victoria, la libertad y la sanidad cada vez. Te amo, preciosa Mía, y te quiero ver caminando en total victoria y libertad en cada área de tu vida".

Declaración del día:

Dejaré de darme de golpes por las debilidades con las cuales sigo luchando. Cuando doy débil, ¡Él es fuerte! Soy una vencedora en Cristo. ¡Dios me ayuda a ser victoriosa cada vez! Seguiré caminando en el Espíritu y no en la carne. ¡Tengo victoria sobre la tentación! Jesús me dio total victoria sobre el pecado! Estoy siendo transformada a la imagen de Cristo más y más cada día! ¡Soy amada y soy aceptada!

"Cada vez el me dijo: 'Mi gracia es todo lo que necesitas; mi poder actúa mejor en la debilidad'. Así que ahora me alegra jactarme de mis debilidades, para que el poder de Cristo pueda actuar a través de mí. Es por esto que me deleito en mis debilidades, y en los insultos, en privaciones, persecuciones y dificultades que sufro por Cristo. Pues, cuando soy débil, entonces soy fuerte".
2 Corintios 12:9, 10 (NTV)

Día 62

Qué hacer si te sientes deprimida

"Amada, la depresión no es tu herencia. No naciste para estar deprimida. Quiero compartir contigo llaves para la victoria para que puedas vencer la depresión. Preciosa Mía, cuando empiezas a sentirte deprimida, quiero que examines qué pensamientos has estado pensando. Los sentimientos siguen después de los pensamientos. Los sentimientos no siempre son la verdad aunque a veces se sienten abrumantes. Puedes vencer las emociones negativas con Mi ayuda. Amada, quiero que comiences a renovar tu mente con pensamientos positivos y optimistas, no con pensamientos negativos y pesimistas. Si te encuentras enfocando en algo negativo, reconócelo inmediatamente, y reemplázalo con una verdad de Mi Palabra. Te sigo diciendo que renovar la mente es un proceso, pero es un proceso en el cual podrás obtener la victoria si es que realmente la quieres. Cuando te despiertas por la mañana, piensa en algo bueno. Empieza tu día con gratitud, y cambiará todo tu día. Amada, comienza alabándome con tu boca. Abre tu boca y comienza a decir verdades positivas acerca de ti y comienza a alabarme a Mí, y sentirás a la depresión huir. Puede que tome algo de esfuerzo para comenzar, porque posiblemente sea lo último que sientes que quieres hacer en ese momento, pero te prometo, si te esfuerzas, verás y sentirás la diferencia. Si te enfocas en Mi amor por ti, verás y sentirás la diferencia. Encuentra algunas Escrituras en Mi palabra acerca de Mi amor por ti y declara en voz alta esas palabras sobre ti y medita en ellas durante todo el día, particularmente cuando los pensamientos negativos empiezan a bombardear tu mente. Nada te puede separar de Mi amor, preciosa. Te amo y atesoro. No te quiero ver deprimida. Te quiero ver experimentando Mi gozo. Mi gozo vive dentro de ti, preciosa Mía, y puedes tomar de ese gozo en cualquier momento. Créelo por fe y decláralo. Eres Mi hija preciosa, y una vez que comiences verdaderamente a recibir Mi amor por ti, la depresión ya no tendrá lugar en tu vida".

Declaración del día:

¡La depresión no es mi herencia! Estoy renovando mi mente y cambiando mis pensamientos a lo que la Palabra de Dios dice acerca de mí. ¡Soy amada! ¡Soy atesorada! Tengo gozo dentro de mí, sin importar lo que estoy pensando, Si me siento deprimida, voy a comenzar a abrir mi boca y alabar al Señor. Voy a comenzar mi día con gratitud y agradeciendo al Señor por las bendiciones en mi vida. Jesús me ha dado total victoria sobre la depresión. ¡Soy libre!

"Regocíjense en el Señor siempre. Y otra vez les digo, ¡regocíjense!"

Filipenses 4:4 (RVC)

Día 63
Permíteme llenar tu vacío

"Mi amor, Yo soy el único que puede llenar ese vacío de amor que está dentro de ti. Soy el único que puede llenar ese vacío. Veo a muchos de Mis hijos preciosos acudir a otras personas o cosas tales como las drogas, la comida, etc., y me entristece porque quiero que se den cuenta de que Yo soy la respuesta que puede suplir todas sus necesidades. Soy el único que puede llenar ese vacío de amor en cada persona sobre la tierra. Fuiste creada para ser una conmigo. Soy la respuesta. Otras personas y otras cosas jamás satisfarán ese anhelo profundo en tu corazón por amor que es seguro y sano. Soy el único que verdaderamente puede satisfacer tus necesidades por amor. Soy en quien puedes confiar. Soy el que nunca te desilusionará. Soy el que quiere protegerte y proveer para ti. Soy el que quiere tener una relación contigo. Soy el que quiere cuidar de ti como lo hace un padre. Puedes confiar en Mí, amada, puedes confiar en Mí. No quiero que te escapes por medio de otros conductos. Quiero que vengas a Mí y que confíes en que Yo te podré ayudar a sobrepasar el dolor. Te ayudaré a ver quién eres en Cristo. Lo único que te pido es que vengas a Mí. Lo único que te pido es que Me busques. Lo único que te pido es que confíes en Mí con todo tu corazón. Ven a Mí, hija amada, y permíteme amarte. Permite que Mi amor sane el vacío en tu corazón. Soy la respuesta que has estado buscando. Soy la respuesta para que camines en total sanidad y salud. Me encantaría que pasaras tiempo en Mi presencia hoy, escuchando a Mi voz hablarte, amándote tiernamente. Quiero que sepas cuánto significas para Mí. Eres tan hermosa, y quiero que lo sepas.

Conmueves Mi corazón de una manera profunda, hija Mía. Recibe Mi amor por ti ahora. ¡Es real!"

Declaración del día:

Mi Padre Celestial es el único que puede llenar mi vacío de amor. Él es el camino para vencer todas las adicciones. Él me ama pase lo que pase. ¡Puedo confiar en Él! Él nunca me herirá. Conmuevo Su corazón. Su amor vive dentro de mí ahora mismo. ¡Lo recibo! Declararé Su amor sobre mi vida hoy. ¡Soy amada! ¡Soy atesorada! No tengo que buscar amor; lo tengo en Cristo. Soy una hija del Rey y soy muy amada.

"Él se acordó de nosotros en nuestras debilidades. Su fiel amor perdura para siempre. Nos salvó de nuestros enemigos. Su fiel amor perdura para siempre. Él provee alimento a todo ser viviente. Su fiel amor perdura para siempre. Den gracias al Dios del cielo. Su fiel amor perdura para siempre".

Salmo 136:23-26 (NTV)

Día 64

¡No permitas que el enemigo te robe!

"Amada, quiero que conozcas lo que he provisto para ti, la herencia por la cual pagué el precio para que la tengas ahora mismo. Quiero que lo sepas para que cuando el enemigo viene y trata de robar, matar y destruir tu vida, tú te des cuenta de ello, y puedas pararte firme en contra de él. No permitas que en enemigo te robe tu gozo, tu paz, tus relaciones, tus hijos, tu matrimonio, tu vida, etc. ¡Ponte firme! Usa toda la autoridad que Yo te he dado. Te he dado TODA autoridad en contra del poder del enemigo. El único poder que él tiene sobre ti es cuando tú le crees sus mentiras. No escuches sus falsas acusaciones en tu contra. ¡No son ciertas! Quiero que empieces a abrir tu boca y que declares victoria sobre cualquier situación en la que sientes que el enemigo te está tratando de robar. ¡Tienes autoridad! Tienes la autoridad que yo te he dado, la uses o no. Amada, a veces necesitas enojarte con el enemigo y usar ese enojo como un arma en contra de él. Toma por la fuerza cualquier cosa que él te ha robado o que está tratando de robarte. ¡Tienes el derecho! No dejes de usar tu autoridad. ¡Úsala! Quiero verte caminando en victoria porque Yo gané la victoria para ti. No seas pasiva en esta área, Mi amada. No toleres nada que no te pertenece. Si sientes venir la ansiedad. ponte firme en contra de ella inmediatamente, porque la paz es tu derecho. No te pongas firme solo en contra de las cosas grandes, más bien empieza con las cosas pequeñas y sigue avanzando, conquistando también las grandes. David mató a un león y a un oso antes de que enfrentara a Goliat. De la misma manera, tú puedes crecer en tu aprendizaje en cuanto a pararte firme en tu autoridad en contra del enemigo y usar esa autoridad. Métete a Mi Palabra y medita sobre Escrituras que hablan de tu autoridad. Permíteme hablarte acerca de ellos, Mi amada. Quiero que sepas quién verdaderamente eres en Mí y qué es lo que tienes en Cristo para que vivas la vida abundante que vine para darte, y para que ya no le permitas al enemigo robarte. ¡Lo puedes hacer! ¡Lo puedes hacer en Mis fuerzas! "

Declaración del día:

¡Ya no permitiré al enemigo robarme ni un momento más! Tengo autoridad sobre el reino de las tinieblas, ¡y la voy a usar! Tengo poder de resurrección dentro de mí. Voy a comenzar a usar mis palabras para cambiar situaciones. ¡Mis palabras tienen poder y autoridad! ¡La paz es mi derecho por nacimiento! ¡El gozo es mi derecho por nacimiento! ¡No escucharé al acusador! Escucharé a Mi Padre, guiándome hacia las cosas buenas, porque me ama tanto. ¡Soy amada!

"Desde los días en que Juan el Bautista comenzó a predicar hasta ahora, el reino del cielo ha venido avanzando con fuerza, y gente violenta lo está atacando".

Mateo 11:12 (NTV)

Día 65

Te puedo ayudar a amar

"Amada, eres tan tiernamente amada y atesorada por Mí. Quiero que recibas esas palabras para tu corazón. Son verdad, no meras palabras en una hoja de papel. Mi amor por ti es real. Eres segura en Mis brazos de amor por toda la eternidad. Mi hija, veo cómo te das de golpes en ocasiones porque sientes que no eres amorosa. Veo que crees la mentira de que no eres una persona capaz de amar ni de ser amada. Quiero que rompas con esas mentiras, amada. Veo de donde llegaron esas mentiras, y Yo no tengo más que compasión y comprensión por ti. Esas mentiras llegaron junto con trauma y dolor, y te quiero sanar de todo tu dolor y trauma. Llevé tu dolor y trauma a la cruz. Yo experimenté dolor y trauma en la cruz por ti, querida, para que puedas ser sanada. Cada latigazo que recibí era para tu sanidad.

Amada, cuando verdaderamente sepas cuánto te amo y lo que hice por ti, comenzarás a recibir Mi amor y podrás dar y recibir amor de otros. Mi amor puede romper con las barreras de tu corazón que has edificado durante tu vida. Mi amor es la respuesta para tu victoria. Cuando comprendas el perdón que Yo te he dado: cómo te he lavado para que quedes tan blanca como la nieve, podrás perdonar a otros. Permite que Mi amor quite la barrera de falta de perdón. Permite que Mi amor quite la barrera de falta de confianza. Permite que Mi amor quite la barrera de no amarte a ti misma. Quiero que te ames a ti misma, preciosa Mía. Quiero que te perdones y te ames a ti misma y quiero que disfrutes a quien fuiste creada a ser. Estas son las llaves para dar y recibir amor, Mi hija.

Llegarás a ese punto. No eres anormal. No hay nada que esté mal contigo. Eres preciosa, y yo sólo Me enfoco en lo que está bien contigo debido a la cruz. Podrás verdaderamente amar a otros conforme permitas que Mi amor apasionado por ti se arraigue en ti. Recibe estas palabras para tu corazón ahora mismo: "¡te amo!" ¡Eres preciosa!" "¡Me deleito en ti! " "¡Te atesoro!" Nada me hará retractarme de esas palabras. ¡Nada! ¡Amo a Mi hija! ".

Declaración del día:

¡Soy amorosa! ¡El amor vive dentro de mí! Amo a otros conforme recibo el amor que el Padre me ha dado a mí. ¡Soy amada! ¡Soy perdonada! ¡Soy especial! ¡Me amo a mí misma! ¡Me perdono a mí misma! Amo a quien Dios me creó a ser. ¡Soy preciosa para mi Padre Celestial!

"Nos amamos unos a otros, porque el nos amó primero".

1 Juan 4:19 (NTV)

Día 66
Entre más Me conozcas, más confiarás en Mí

"Amada, entre más me conozcas, y Me refiero a que realmente Me llegues a conocer Mí corazón, más podrás verdaderamente confiar en Mí. Quiero que realmente Me conozcas. Las relaciones interpersonales no pueden depender solo de una de las personas involucradas y requieren esfuerzo. Quiero que estés atento a Mi voz que te habla. A Mí me encanta escuchar tu voz, pero quiero que tú por tu parte llegues a conocer Mi voz tan bien, que Me puedas escuchar cuando te susurro. Quiero que conozcas Mi voz tan acertadamente, que Me puedas escuchar cuando te hablo, aun cuando estás entre una multitud de personas, y hay ruido por todas partes. Quiero que conozcas Mi voz. Quiero que Me escuches hablándote para que puedas entender Mi corazón de amor por ti. Quiero que Me escuches alentándote, Quiero que Me escuches dándote sabiduría para las pruebas y tribulaciones que estás enfrentando en el momento. Te quiero guiar en tu vida diaria. Quiero que pases tu día sabiendo que Yo estoy contigo cada momento, y que puedes tener compañerismo conmigo en cualquier momento y en cualquier lugar. Entre más Me conozcas, más confiarás en Mí y comenzarás a depender de Mí para cada una de tus necesidades. Pídeme que te hable en tus sueños, si ese es tu deseo. Pídeme que te hable a través de Mi creación, y lo haré. Pídeme visiones, si ese es tu deseo. Cuando me buscas con todo tu corazón, sí me encontrarás, y Me conocerás. Muchos de mis hijos no comprenden Mi bondad y amor extremo. No conocen Mi corazón por ellos. No creen que Yo anhelo intimidad profunda con todos Mis hijos. Fuiste creada, hija Mía, para tener intimidad conmigo, tu Padre Celestial. Quiero una relación genuina contigo, preciosa Mía. Cuando Me buscas, Me trae tanto gozo. Sólo pensar en el hecho de que quieres tener una relación más cercana conmigo me provoca una gran sonrisa. Yo no le fuerzo a nadie a tener una relación personal conmigo, así que cuando uno de Mis hijos desea tal relación, ¡Me regocijo con todo el cielo! No sé si comprendes totalmente cuánto cautivas Mi corazón. ¡Pero lo haces! Recibe esto para tu corazón: 'Tú, Mi hija amada, ¡has cautivado Mi corazón!'"

Declaración del día:

¡Mi Padre Celestial desea una relación conmigo, Su hija! ¡Puedo llegar a conocerlo íntimamente! ¡Puedo buscar escuchar Su voz correctamente! Fui creada para tener una relación real con Dios. Entre más llegue a conocer a mi Papi Celestial, más confiaré en Él.

"Has cautivado mi corazón, tesoro mío, esposa mía. Lo tienes como rehén con una sola mirada de tus ojos, con una sola joya de tu collar. Tu amor me deleita, tesoro mío, esposa mía. Tu amor es mejor que el vino, tu perfume, más fragante que las especias". Cantares 4:9-10 (NTV)

Día 67

Permíteme hablarte a través de Mi Palabra

"Amada, Me encanta verte leer la Palabra. Tengo tantos tesoros escondidos y secretos esperándote mientras lees la Palabra. Hay vida y sanidad para ti en la Palabra. Hay gozo para ti en la Palabra. Hay victoria para ti en la Palabra. Hay amor para ti en la Palabra. Pasa tiempo en la Palabra, preciosa, y permíteme darte las respuestas a las preguntas que has estado preguntando. Hay sabiduría para ti en la Palabra. Hay maná diario para ti en la Palabra. Hay una palabra fresca para ti cada día conforme lees Mi Palabra y la recibes en tu corazón. Hay transformación en la Palabra. Serás transformada conforme renuevas tu mente con la verdad. Hay identidad en la Palabra. Comprenderás quién eres en Mí y qué es lo que tienes en el Espíritu. ¡Permite que Mis Palabras te sanen! ¡Permite que Mis Palabras te den vida! ¡Mis palabras son alimento para tu alma! Permíteme hablarte a través de Mi Palabra. Yo sé lo que tú personalmente necesitas escuchar cada día. Me encanta cuando pasas tiempo en la Palabra. Si necesitas esperanza, busca los versículos acerca de la esperanza. Busca lo que necesitas, medita sobre las Escrituras, y permíteme hablarte acerca de ellas para que lleguen a ser reales para ti y las creas con tu corazón. Permíteme mostrarte cómo el Antiguo Testamento apuntaba a Jesús, tu Salvador, y permíteme mostrarte el Nuevo Testamento con ojos nuevos. La cruz cambió todo para ti. Permíteme revelarte el Pacto bajo el cual estás. Permíteme darte revelación. La revelación es como un tesoro; se necesita buscar y desear, y yo te lo puedo dar conforme me permitas hablarte a través de Mi Palabra".

Declaración del día:

¡Yo necesito la Palabra de Dios! ¡Hay sanidad en la Palabra! ¡Hay esperanza y aliento en la Palabra! ¡Hay respuestas en la Palabra! ¡Hay victoria en la Palabra! ¡Hay transformación en la Palabra! Firmemente creo que mi Padre Celestial me habla a través de Su Palabra. ¡La Palabra de Dios es un regalo y un tesoro para mí, Su hija amada!

"El Espíritu da vida;
la carne no vale para nada.
Las palabras que les he hablado son
espíritu y son vida".

Juan 6:63 (NVI)

149

Día 68

¡Eres victoriosa, no víctima!

"Amada, quiero que sepas que Mi corazón se congoja cuando otros te hieren o te hacen algún mal. Cuando a Mis hijos se les daña, abusa, o se aprovechan de ellos, Mi corazón se aflige por el dolor y el trauma que viene como resultado. Tengo compasión por ti, preciosa Mía. Quiero que sepas que hay un enemigo que obra a través de otras personas para robar, matar y destruir a mis hijos. Sin embargo, también quiero que sepas que puedes quedar totalmente sana y libre de todo dolor y trauma que hayas experimentado. ¡Puedes ser libre! Yo he preparado un camino por la cual puedas caminar hacia la sanidad, la salud integral, y la libertad. Quiero que sepas que en Mí, ¡eres vencedora! ¡No eres víctima! No escuches a los pensamientos que te dicen: '¿Por qué siempre me ocurren cosas malas? ¿Por qué las personas siempre se aprovechan de mí de manera abusiva? Todos la traen conmigo. No encajo en ninguna parte. Nadie me entiende. Nadie comprende el dolor por el cual he pasado.' Estos pensamientos están diseñados para hacerte seguir sintiéndote víctima. Son pensamientos que buscan derrotarte. Quiero que empieces a reemplazar esos pensamientos con las siguientes palabras: 'Dios tiene planes para prosperarme, y no de dañarme. Ya no soy víctima. Cristo me ha hecho vencedora, y Él me ayudará a través de cualquier prueba o tribulación que me pueda venir. Todo lo puedo en Cristo que me fortalece. Soy una nueva creatura en Cristo. Lo viejo ha pasado y todo es hecho nuevo. ¡Soy amada y aceptada! Puede que las personas me lastimen, pero no soy víctima. Si alguien me rechaza, está ocurriendo para mi bien, porque Dios solo tiene cosas buenas planeadas para mi vida.' Quiero que sigas renovando tu mente con la verdad. Quiero que continuamente recuerdes que eres una vencedora en Mí. Quiero que te deshagas de todas las 'vanas imaginaciones' que te dicen que alguien la trae contigo y te está tratando de hacer daño o que no puedes confiar en nadie. Pregúntame qué es la verdad. Pídeme que te muestre la verdad, y lo haré. Amada, es un proceso renovar algunos de los patrones de pensamiento negativos que han estado contigo por un tiempo. Pero lo vas a lograr. Otra ves te digo, regálate gracia durante tu camino y sigue avanzando hacia adelante en la victoria que tengo para ti".

Declaración del día:

¡No soy víctima! ¡Soy vencedora en Cristo! ¡Soy vencedora en Él! ¡Mi Papi me ama! ¡Mi Papi está a mi favor! ¡Mi Papi está de mi lado! Ya no le haré caso a los pensamientos que me hacen permanecer como víctima. Esa no es la verdad acerca de mí.

"Estas cosas les he hablado
para que en mí tengan paz.
En el mundo tendrán aflicción;
pero confíen, yo he vencido al mundo".
Juan 16:33 (RVC)

Día 69

Permite que la fe reemplace el temor

"Amada, quiero que conozcas y comprendas Mi amor por ti porque esa es la respuesta para deshacerte de todo temor y de mantenerlo ya fuera de tu vida. Mi amor perfecto echa fuera todo temor. El temor es lo opuesto a la fe. El temor es creer al enemigo o a tu mente carnal en vez de creerme a Mí. No fuiste creada para vivir en temor. Quiero que vivas en gozo y paz, no en temor. Quiero que te deshagas de todos los pensamientos de temor y que los reemplaces con la verdad de Mi Palabra. Quiero que te pares firme en contra de todos los pensamientos de temor. El temor causa tormento y confusión. No quiero ver a Mi hija amada experimentar tormento a causa de pensamientos de temor, que en realidad son mentiras. Quiero que te deshagas del temor del futuro, temor del rechazo, temor a la enfermedad, temor a la muerte. temor a la falta, temor a ser herida., etc. Si empiezas a experimentar ansiedad, quiero que reconozcas cuál es la raíz de dicha ansiedad y que te pares firme en contra de lo que es. Tú le puedes decir al temor que te abandone. El temor es un espíritu y ese espíritu te da esos pensamientos de temor. Tú le puedes hablar a ese espíritu y decirle que se vaya. También puedes declarar la verdad de la Palabra sobre tu vida y contraatacar esos pensamientos negativos. Puedes tener victoria sobre el temor porque Yo ya he ganado la victoria sobre el temor para ti, preciosa Mía. El temor tiene un efecto negativo sobre tu alma y sobre tu cuerpo. El enemigo quiere usar el temor como un arma en contra de ti para robar, matar y destruir, pero Yo te digo que el temor no es tu herencia, la fe lo es. Te digo que ninguna arma forjada contra ti prosperará, y que puedes usar tu boca para condenar cualquier arma forjada en contra tuya. El temor es lo opuesto a la fe. Quiero que comiences a hablar en contra del temor cuando venga. Si luchas con el temor en cuanto al futuro, quiero que declares en voz alta: 'Mi Padre Celestial tiene planes de prosperarme y no de hacerme mal; tiene planes para darme una esperanza y un futuro.' Declara la verdad de Mi palabra hasta que la creas con tu corazón, y comenzarás a experimentar paz y no ansiedad. ¡Lo puedes hacer, amada Mía! ¡Lo puedes hacer! Recuerda, Mi amor es un arma poderosa en contra del temor. ¡Sigue meditando acerca de Mi amor por ti! "

Declaración del día:

¡El temor no tiene lugar en mi vida! ¡Me estoy parando firme en contra de todos los pensamientos negativos! ¡Meditaré sobre la verdad! ¡Contraatacaré el temor con la fe! ¡Puedo vivir una vida totalmente libre de temor! ¡La paz es mi herencia, no el temor! ¡Mi futuro se ve brillante!

"Pero en aquel día venidero,
ningún arma que te ataque triunfará.
Silenciarás cuanta voz
se levante para acusarte".

Isaías 54:17 (NTV)

Día 70

¡SIEMPRE hay una salida!

"Amada, ¡siempre hay una salida! Siempre hay una salida hacia el otro lado. Cuando Me perteneces. no hay nada que puedas experimentas que no tiene esperanza. Yo puedo transformar cualquier situación negativa en algo tanto mejor de lo que pudieras haber imaginado. Soy el Dios de lo imposible.

Sí, puede que experimentes dolor a causa de una situación por una temporada, o posiblemente tengas que experimentar algunas consecuencias por un tiempo, pero te digo, sea lo que sea por lo que estés pasando, siempre hay una salida para el otro lado. Nunca creas las mentiras que te dicen: 'Esta situación no tiene esperanza;' 'Ya no quiero vivir más;' 'Ya me quiero ir a vivir con Jesús porque la vida es demasiado dolorosa'. Yo ya estoy contigo, amada, y te puedo ayudar ahora mismo. Tengo un destino para ti, pero el enemigo te quiere alimentar con mentiras que te hacen enfocarte en la desesperanza y el deseo de dejar la vida terrenal y venir a vivir conmigo en vez de aprender a estar conmigo ahora mismo aquí sobre la tierra. Vivo en ti, preciosa Mía, ¡y Mi poder de resurrección viven en ti! Te digo en Mi Palabra que el mismo poder que Me levantó a Mí de la muerte vive en ti. Está en ti en este mismo momento. Puedes usar ese poder para decirle "¡NO! a las mentiras sobre las cuales has estado meditando. Puedes hablar palabras de fe sobre tu situación. Quiero que odies todo pensamiento de desaliento o de desesperanza porque sólo te afectan de manera negativa y causan depresión. Aprende a decir

"¡no!" a todos los pensamientos negativos. Tengo cosas buenas planeadas para tu vida, preciosa, y quiero que tus pensamientos y palabras se aliñen con el buen plan que tengo para ti. ¡Hay una salida! ¡No estás al final del camino! ¡Tienes un futuro brillante! Lo mejor está por venir aun cuando no lo veas en este momento. De hecho, quiero que comiences a verte del otro lado de aquello con lo cual estás luchando ahora, o que te veas en el futuro. Mírate victoriosa. Mírate atravesando al otro lado. No importa qué estés pensando, la verdad es que lo vas a lograr. ¡Siempre hay una salida! Soy tu Papi Celestial, y quiero ayudarte llegar al otro lado. ¡Tú sí puedes! Yo te ayudaré, amada Mía".

Declaración del día:

¡No pensaré pensamientos de desesperanza o desaliento! Me estoy parando firme. ¡Dios tiene buenos planes para mí! ¡Nada es imposible para Él! ¡Voy a poder llegar al otro lado! ¡Mi Padre Celestial me está ayudando cada paso del camino!

"El Espíritu de Dios, quien levantó a Jesús de los muertos, vive en ustedes; y así como Dios levantó a Cristo Jesús de los muertos, él dará vida a sus cuerpos mortales mediante el mismo Espíritu, quien vive en ustedes". Romanos 8:11 (NTV)

Día 71

Un fuerte fundamento en Mí

"Hija amada Mía, quiero que seas como un roble grande y fuerte con raíces firmemente establecidas bajo la tierra. Un roble fuerte tiene raíces muy profundos en la tierra, y es capaz de sobrellevar las tormentas que le acechan porque está tan firmemente plantado en la tierra. Yo quiero que tú tengas un fundamento igualmente profundo en Mí, con raíces tan firmemente establecidas, que cuando las tormentas y las pruebas y tribulaciones atraviesan tu camino, no te pueden tirar o causar que seas inestable. Amada, un fundamento firme con raíces profundas se forma al meterte en Mi Palabra y meditar sobre ella. Entre más me llegues a conocer, más fuerte llegarás a ser.

Amada, quiero que te enfoques en la verdad, no en los sentimientos. Entre más te enfoques en la verdad de quién eres, más experimentarás sentimientos de paz. Serás como el roble, firmemente establecida en la tierra. Sin embargo, si te enfocas en pensamientos negativos, te sentirás como olas aventadas de uno y otro lado por el viento. Quiero que camines en paz, hija Mía. Quiero que sepas quién eres. Quiero que tengas fe inquebrantable en cuanto a tu identidad en Mí. Los sentimientos no son siempre verdad. No quiero que seas vencida y controlada por sentimientos negativos. Entre más te enfocas en la verdad de la Palabra, más tu mente se renueva y tus pensamientos cambian, y más podrás vencer las emociones negativas. La verdad te liberta, amada Mía. Mi Palabra es más real que cualquier pensamiento que pueda atravesar tu camino. Quiero que conozcas la verdad de la Palabra para que puedas caminar en libertad y salud en todo sentido de la palabra. Quiero que te sientas sólida y segura en cuanto a quién eres.

Amada, recuerda la historia de Pedro. Él comenzó a caminar sobre el agua cuando Yo le hablé y le dije que viniera a Mí. Mientras mantuvo su enfoque en Mí, Él pudo seguir caminando sobre el agua. Sin embargo, cuando quitó sus ojos de Mí, comenzó a sumergirse. Amada, cuando las dificultades te vengan, quiero que mantengas tu enfoque y atención en Mí para que no comiences a sumergirte. Te quiero ayudar. Te quiero dar sabiduría y perspectiva en cuanto a tu situación. Quiero que tengas fe firme en Mí, el Dios de lo imposible quien te ama y te quiere ver caminar en victoria. No me gusta verte sacudida por el viento en cada prueba que te llega. Quiero verte tener un fundamento sólido con raíces profundas en Mí, y yo te voy a ayudar a llegar, hija Mía".

Declaración del día:

¡La verdad es más real que los sentimientos! No permitiré que las emociones negativas te controlen más. Mis raíces se están profundizando más en la tierra. Me estoy volviendo más y más estable cada día. ¡En Cristo estoy totalmente segura! ¡Seguiré enfocando mis ojos en Jesús!

"Pero benditos son los que confían en el Señor y han hecho que el Señor sea su esperanza y confianza. Son como árboles plantados junto a la ribera de un río con raíces que se hunden en las aguas, A esos árboles no les afecta el calor ni temen los largos meses de sequía. Sus hojas están siempre verdes y nunca dejan de producir fruto". Jeremías 17:7-8 (NTV)

Día 72

Has sido llamada a caminar en el Espíritu

"Preciosa Mía, eres llamada a vivir en las alturas. Todos Mis hijos han de volar alto y reinar en vida. Quiero compartir algunas claves contigo hoy, Mi hija, que te ayudarán a llegar allí. Quiero que aprendas a caminar en el Espíritu, Mi Espíritu, y no en la carne. Todos mis hijos tiene la opción de escoger. He dado a Mis hijos libre albedrío. Sin embargo, conforme Mis hijos lleguen a saber quiénes son en Mí, cuán amados y aceptados son, caminar en el Espíritu se vuelve natural conforme viven sus vidas como nuevas creaturas.

Amada, si quieres cambiar tu mundo, tienes que cambiar tus pensamientos para que se alineen con Mi Palabra. También tienes que cambiar tu manera de hablar para que se alinee con Mi Palabra. Estos cambios harán que verdaderamente camines en el Espíritu. El fruto del Espíritu es "amor, gozo, paz, paciencia, bondad, benignidad, fidelidad, mansedumbre y templanza" (Gálatas 5:22-23 NTV). Yo digo en Mi Palabra que las manifestaciones de la carne son: "peleas, celos, arrebatos de furia, ambición egoísta, discordias, divisiones, envidia, borracheras, fiestas desenfrenadas y otros pecados parecidos" (Gal. 5:20, 21 NTV). Tú puedes cambiar tus pensamientos, tu manera de hablar y tu comportamiento para que se alineen con quién eres en el Espíritu. Permite que Yo te ayude. Entrégamelo a Mí, y permite que Yo te ayude, amada Mía. Has sido llamada a ir más alto y a caminar en el Espíritu. Has sido llamada a ser un testigo para los que están en tu derredor. Tu vida transformada será como un imán para quienes todavía no me han encontrado, Mi preciosa. Yo he tratado con cada pecado en la cruz. Eres totalmente perdonada y amada. Sin embargo, el pecado le abre las puertas al enemigo y hace que te falte paz, gozo, etc., y tú has sido llamada a caminar en paz y gozo y tanto más. Yo veo el efecto que tiene sobre ti caminar en la carne, y te digo firmemente: '¡Has sido llamada a vivir en un nivel más alto!'" Has sido llamada a producir buen fruto a la cual las personas puedan acudir y de la cual puedan alimentarse. Las personas necesitan de tu fruto, Mi amada. Quiero que perdones a otros tal como has sido perdonada. Quiero que ames a otros tal como eres amada. Quiero que cuides lo que digas acerca de las personas. Quiero que vivas en paz con otros.. Lo puedes lograr, preciosa Mía. ¡Lo puedes hacer, en Mis fuerzas! Has sido llamada a volar en alto y a reinar y a pensar y actuar al igual que Mí, Mi amada. Y si lo quieres hacer, ¡lo harás! Te amo, y quiero verte tener éxito y caminar en tu verdadera identidad".

Declaración del día:

¡Soy llamada a volar en alto y a reinar en esta vida! Caminaré en el Espíritu y no en la carne. Tomaré del fruto del Espíritu que vive dentro de mí a través de Jesús, y caminaré en el Espíritu. ¡Soy perdonadora! ¡Y amo a otros! Camino en paz con otros. Escojo soltar todo enojo y toda amargura, Gracias, Jesús, por perdonar mis pecados. ¡Soy amada!

"Permitir que la naturaleza pecaminosa les controle la mente lleva a la muerte. Pero permitir que el Espíritu les controle la mente lleva a la vida y a la paz".

Romanos 8:6 (NTV)

Día 73

Sumergida en Mi amor

Ven conmigo, amada, y colócate en esta visión. Vi una visión de una mujer que estaba en una playa en algún lado. Hacía mucho calor y estaba muy brillante el sol. Ella podía sentir el calor de los fuertes rayos del sol. Estaba entrando al agua cuando de repente una ola inmensa vino y la sumergió totalmente. Cuando ella salió de la ola, se estaba riendo. Estaba sonriente y llena de gozo. Escuché al Señor decirle, "Quiero que sepas, hija Mía, que estás totalmente sumergida en Mi amor. Quiero que visualices a esa ola empapándote totalmente con Mi amor". Esto es verdad para ti ahora mismo. Cuando me recibiste a Mí, el Espíritu Santo vino a vivir dentro de ti y derramó todo Mi amor en ti. Todo Mi amor está allí para ti, hija Mía. Puedes meditar sobre ello y asirte de ello en cualquier momento. De la misma manera que la mujer primero sintió el calor del sol agolparla, al estarse sumergiendo en el agua, quiero que reconozcas que entre más te enfoques en el Hijo, más experimentarás Su amor abrasador por ti. Cuando experimentes ese amor abrasador, serás como esa mujer que se está riendo y sonriendo, sumergida con gozo. Esa es tu herencia, hija Mía. ¡Eres tan amada! Quiero que lo sepas. Quiero que renueves tu mente con la verdad, especialmente si escuchas mentiras tales como, "Nadie me ama", o "Dios está desilusionado conmigo" etc. Contra-ataca cualquier mentira con la verdad, hija Mía. Tú eres apasionadamente amada, y nadie puede quitar eso. Quiero que te veas en esta visión y que medites sobre Mi amor por ti, Quiero que recuerdes esta imagen visual cualquier momento que venga la condenación o que alguien te critique. Imagínate sumergida en Mi amor y protección porque esa es la verdad. Eres amada, hija Mía".

Declaración del día:

¡Estoy sumergida en el amor apasionado de Dios! Entre más medito en Su amor por mí, más gozo experimentaré, Gracias, Padre Celestial, por Tu amor por mí. ¡Lo recibo! ¡Recibo tu amor! Lo recibo y luego lo doy. Doy amor a otros hoy. Soy una hija amada del Rey!

"Y esa esperanza no acabará en desilusión. Pues sabemos con cuánta ternura nos ama Dios, porque nos ha dado el Espíritu Santo para llenar nuestro corazón con su amor".

Romanos 5:5 (NTV)

Día 74

Deshazte de todo enojo

"Amada, sé que hay personas en tu vida que encuentras difícil de amar y perdonar. No todos están caminando en el Espíritu y produciendo buen fruto y, como resultado, hay personas con heridas no sanadas quienes siguen hiriendo y lastimando a otros. Quiero verte ir a un nivel más alto. Te quiero ver caminando en total amor y libertad, sin importar qué heridas puedas experimentas. Puedes llegar hasta allí, hija Mía, con Mi ayuda y Mi Espíritu dentro de ti. Puedes asirte de Mi poder y perdonar cualquier momento que quieras. Recuerda, Mi amada, el perdonar te libera a TI!

Hija Mía, no quiero que sigas con enojo. El enojo daña tu corazón y el alma. El enojo es lo opuesto a quien realmente eres, tu verdadera identidad en Cristo. Quiero que te deshagas del enojo para que el enemigo no pueda entrar a tu vida de alguna manera. Si necesitas escribir un diario o hablar con una persona confiable que te ayude en este camino, te animo a que lo hagas, Mi amada. Puedes hablar conmigo acerca de ello, y yo te ayudaré. Quiero que te deshagas del enojo sea como mejor puedas hacerlo, pero no permitas que ese enojo se convierta en chisme o en palabras que lastiman o destruyen a otros. El primer paso para deshacerte del enojo es un deseo de soltarlo, un deseo de ser transformada más y más a la imagen de Mi Hijo. Si ese es el deseo de tu corazón, lo vas a poder hacer. Regálate gracia en el proceso. Ninguna herida es demasiado profunda como para que yo no la pueda sanar. Amada, a veces tú eres la que vas a tener que iniciar el perdón y el amor, aun cuando tengas la razón en cuanto a la situación. Quiero que manifiestes Mi amor y perdón a otros cuando sea posible. Yo te ayudaré.

Amada, si te has separado de alguien debido a abuso u otros situaciones negativas que siguen, de todas maneras quiero que sueltes el enojo y falta de perdón para que no te siga trastornando. Quiero que estés libre en cada área de tu vida. Puedes llegar a ese punto con Mi amor. Te amo, y te sigo animando durante tu camino".

Declaración del día:

¡Estoy soltando toda ira y falta de perdón! Camino en el Espíritu, no en la carne! Tengo el poder para perdonar y vivir en paz y gozo porque Cristo está dentro de mí. Voy a ir más alto. Cada día estoy siendo más y más libre. El enojo no es parte de quien soy. Soltaré pensamientos que me causan enojo y todo sentimiento de enojo tan pronto que comience a sentirlos. ¡Papi me está ayudando!

"Además, 'no pequen al dejar que el enojo los controle'. No permitan que el sol se ponga mientras siguen enojados, porque el enojo da lugar al diablo".
Efesios 4:26-27 (NTV)

Día 75

Quiero que aprendas a recibir

"Amada, realmente quiero que aprendas a recibir. Especialmente quiero que recibas todo lo que tengo para ti, Toda tu herencia es un regalo por parte de Mí. Quiero que la aprendas a recibir así como recibirías un hermoso regalo. No hay condiciones de por medio. Un regalo es un regalo - no es algo que se tiene que merecer o algo por el cual se trabaja. Soy dador, y quiero que recibas todo buen regalo que tengo para ti. No tienes que trabajar para ganar puntos conmigo. Cuando recibas todo lo que yo tengo para ti, harás cosas como respuesta de amor, y no por obligación. Yo sí obré para poder darte los regalos. Me vacié, bajé del cielo como hombre, derroté al enemigo, y derroté el pecado y la muerte a favor tuyo. Hice esto para que puedas ser bendecida.

Amada, quiero que recibas Mi perdón como un regalo, un regalo no merecido. Cuando lo recibes, tú podrás perdonar a otros. Quiero que recibas Mi amor como un regalo, un regalo no merecido. Cuando recibas Mi amor, podrás verdaderamente amarte a ti mismo y a otros. Hija Mía, no quiero tan solo que recibas Mi amor, pero también quiero verte recibiendo el amor de otros en tu vida. He puesto a otros en tu vida para que te derramen amor. Quiero verte ya deshaciendo los muros que te impiden recibir Mi amor y el amor de otros. Si no sabes a cuáles muros me refiero, pídeme que yo te revele las mentiras que estás creyendo. Pídeme que te muestre qué te está impidiendo recibir, y lo haré. Te quiero ayudar, hija Mía. Yo sé cuándo entraron esos muros, y te quiero mostrar eso a ti, y quiero sanar tu corazón herido.

Amada, me encanta cuando hablas conmigo y me alabas y te enfocas en Mí. Sin embargo, quiero que vayas a un lugar quieto si puedes, que cierres tus ojos y que recibas de Mí. Permíteme amarte. Permíteme hablarte. Permite que Mi presencia te llene con lo que necesitas para este día. ¡Simplemente recibe! Me encanta cuando tomas de Mí. Me encanta cuando recibes todo lo que tengo para ti. Descansa y recibe. ¡Disfruta los buenos regalos!"

Declaración del día:

¡Estoy aprendiendo a recibir! Gracias, Jesús, por mi herencia increíble de vida eterna, gozo, perdón y justicia! ¡Gracias por ir a la cruz para bendecirme! ¡Lo recibo todo! Recibiré tu amor más y más, y recibiré el amor de otras personas sanas que has puesto en mi vida!

"Todo lo bueno y perfecto que se nos da, viene de arriba, de Dios, que creó los astros del cielo. Dios es siempre el mismo: en el no hay variaciones ni oscurecimientos".

Santiago 1:17 (DHH)

Oración para recibir a Jesús como Salvador

Padre Celestial, yo creo que Jesucristo es tu Hijo y que tomó mi lugar y murió por mis pecados. Yo creo que al tercer día, Él se levantó de entre los muertos para que yo pueda tener vida eterna y justicia delante de Ti. Gracias, Jesús, por llevar el pecado y la ira que yo merecía, y hacer que yo pudiera estar en paz para con el Padre. En este mismo momento yo escojo hacer que Jesús sea Salvador y Señor de mi vida. Me arrepiento y dejo el pasado y entro a un futuro nuevo contigo. Voy hacia adelante ahora como tu hija, contigo como mi Padre, y con el cielo como mi hogar. Ahora he nacido de nuevo. Soy nueva creación en Cristo. Gracias porque Tu vida está dentro de mí en este mismo momento y Tu Espíritu seguirá obrando para lograr victoria en cada área de mi vida al seguir yo buscándote y dependiendo de Ti. Jamás seré la misma y te seguiré de hoy en adelante. En el nombre de Jesús, lo oro, amén.

Nichole Marbach es graduada de la Escuela Bíblica Charis de Chicago, la cual también le ha otorgado una licencia ministerial. Ella, además es ministra ordenada, una "Joy Restoration Coach©" Certificada ("Coach para Restaurar el Gozo"), autora, conferencista, y maestra. Siente el llamado de compartir el extremo amor y la gran gracia de Dios a través de la obra completa de Jesucristo dondequiera que va. El testimonio poderoso de Nichole de cómo superó el trastorno bipolar, el trastorno de estrés post-trauma (PTSD), intentos de suicidio, y otras adicciones, le ha dado la pasión para ayudar a las personas heridas a experimentar la libertad que Cristo da. Nichole ha ministrado en muchas partes de los Estados Unidos e internacionalmente como conferencista y maestra. Ha participado en varios programas de televisión y radio. La historia de su milagrosa sanidad salió en el programa de televisión de Andrew Wommack, The Gospel Truth, y su testimonio de sanidad también figura en el sitio web del mismo, dando esperanza a muchas personas alrededor del mundo. Nichole es presidenta y fundadora de Nichole Marbach Ministries.

De la misma autora:
Los siguientes titulos solo están en inglés:

122 Love Letters From the Throne of Grace

77 Texts From Heaven (for teens)

100 More Love letters From the Throne of Grace

Para ordenar libros o contactar a Nichole, visitq:
www.NicholeMarbach.com

Made in the USA
Columbia, SC
07 February 2022

55588508R10093